C. DELAVIGNE.

NOUVELLE ÉDITION,

ORNÉE DE GRAVURES.

T. III.

IMPRIMERIE DE H. FOURNIER,
RUE DE SEINE, N. 14.

THÉATRE
DE M.
C. DELAVIGNE

DE L'ACADÉMIE FRANÇAISE.

NOUVELLE ÉDITION.

TOME DEUXIÈME

PARIS,
FURNE, LIBRAIRE-ÉDITEUR,
QUAI DES AUGUSTINS, N. 39.

M DCCC XXXV.

LE PARIA,

TRAGÉDIE EN CINQ ACTES,

REPRÉSENTÉE POUR LA PREMIÈRE FOIS A PARIS, SUR LE SECOND THÉATRE FRANÇAIS, LE 1ᵉʳ DÉCEMBRE 1821.

A MON PÈRE.

Je t'offre aujourd'hui celui de mes ouvrages que je crois le moins imparfait. Puisses-tu trouver dans cet hommage public une nouvelle preuve de la reconnaissance et du respectueux attachement

De ton fils

Casimir Delavigne.

PERSONNAGES.

AKÉBAR, grand-prêtre, chef de la tribu des brames.
IDAMORE, chef de la tribu des guerriers.
ZARÈS, père d'Idamore.
ALVAR, Portugais.
EMPSAEL, brame.
NÉALA, fille d'Akébar.
ZAIDE, jeune prêtresse.
MIRZA, jeune prêtresse.
BRAMES, GUERRIERS, PRÊTRESSES, PEUPLE.

La scène se passe dans un bois sacré près de Bénarès.

LE PARIA.

Publié par Hanc, à Paris.

LE PARIA,

TRAGÉDIE.

ACTE PREMIER.

SCÈNE I.

IDAMORE, ALVAR.

ALVAR.

Tout repose dans l'ombre, et le seul Idamore
Des murs de Bénarès s'échappe avant l'aurore!
Quel est ce bois antique où vos pas m'ont conduit?
Mais j'entrevois un temple, et l'astre de la nuit,
Dont les faibles rayons nous guident sous l'ombrage,
Du dieu de l'Indostan me découvre l'image...
Sans répondre à ma voix, d'où vient que vous errez
Sous ces palmiers épais à Brama consacrés?

IDAMORE.

Bientôt du jour naissant les clartés vont éclore,
Et pourtant Néala ne paraît point encore.

ALVAR.

Dieu! quel nom vénérable osez-vous proférer?
Néala!... Près de vous quel soin peut l'attirer?
La fille d'Akébar, d'un prêtre, d'un bramine!

IDAMORE.

Oui, cet unique fruit d'une tige divine,
Cette beauté cachée à l'ombre des autels,
Qui n'éblouit nos yeux qu'en des jours solennels,
Et qui, des lis du Gange au temple couronnée,
Fut à l'hymen du fleuve en naissant destinée,
Je l'adore...

ALVAR.

Ah! qu'entends-je?

IDAMORE.

Et mon amour jaloux
Prétend la disputer à son céleste époux.
Le message secret que ses mains m'ont fait rendre
Dans ce lieu redouté m'ordonne de l'attendre;
Elle y doit devancer l'instant où le soleil
Voit le peuple en prière adorer son réveil;
Mais, si j'en crois les fleurs dont le triste assemblage
Du cœur de Néala m'a transmis le langage,

Si mes yeux ont bien lu dans leurs sombres couleurs,
Je dois me préparer à d'étranges malheurs.
Sans t'avoir consulté, ma tendresse importune
Par un danger nouveau t'enchaîne à ma fortune;
Pardonne : en ces climats, quel autre qu'un chrétien
Eût protégé le cours d'un semblable entretien?
Mais ta raison, Alvar, instruite aux bords du Tage
Des dogmes de Brama repousse l'esclavage,
Et conçoit qu'une vierge, infidèle à ses dieux,
Leur préfère un guerrier qui triompha pour eux.

ALVAR.

Ne vous assurez point dans vos pieux trophées;
Les clameurs des soldats, par la crainte étouffées,
Sont un faible rempart au chef audacieux
Qui brave le courroux d'un ministre des cieux.
De ce danger moi-même utile et triste exemple,
J'avais vengé mon roi, mon pays et mon temple;
Malheureux! j'éveillai par un seul jour d'erreur
D'un tribunal sacré l'ombrageuse fureur.
Du ciel pour me punir descendit l'anathème;
Il sécha sur mon front l'eau pure du baptême;
Convive rejeté de la table de Dieu,
Je vis devant mes pas se fermer le saint lieu.
J'errais loin de l'asile où le crime s'expie;
Le pain de la pitié fuyait ma bouche impie;

Que devenir? Alors, aux récits de Gama,
La soif de conquérir sur nos bords s'alluma.
Nos guerriers en espoir dépouillaient votre monde
Des tributs éclatans qu'il recueille à Golconde,
Voguaient vers ces climats où l'Océan pour eux
Sur l'ambre et le corail roulait ses flots heureux.
Alméida, leur chef, me vit d'un œil de frère ;
Au fond de ses vaisseaux il cacha ma misère :
Adieu, dis-je, vallons que je ne verrai plus...
Mais la flotte emporta mes regrets superflus,
Toucha le cap terrible, et, nommant sa conquête,
Fit asseoir l'espérance où mugit la tempête.
J'apportais l'esclavage et je reçus des fers.
Vos soins ont adouci les maux que j'ai soufferts ;
Ah ! prenez en échange une vie agitée,
Que loin du sol natal l'orage a transplantée ;
Disposez d'un captif libre par vos bienfaits,
Mais du beau ciel d'Europe exilé pour jamais !

IDAMORE.

Des bouts de l'univers quel destin nous rassemble,
Pour nous aimer, nous plaindre, et pour souffrir ensemble !
L'erreur t'a repoussé du milieu des chrétiens...
L'homme est partout le même, et tes maux sont les miens.
Il est sur ce rivage une race flétrie,
Une race étrangère au sein de sa patrie ;

ACTE I, SCÈNE I.

Sans abri protecteur, sans temple hospitalier,
Abominable, impie, horrible au peuple entier,
Les Parias ; le jour à regret les éclaire,
La terre sur son sein les porte avec colère,
Et Dieu les retrancha du nombre des humains
Quand l'univers créé s'échappa de ses mains.
L'Indien, sous les feux d'un soleil sans nuage,
Fuit la source limpide où se peint leur image.
Les doux fruits que leur main de l'arbre a détachés,
Ou que d'un souffle impur leur haleine a touchés.
D'un seul de leurs regards a-t-il reçu l'atteinte,
Il se plonge neuf fois dans les flots d'une eau sainte :
Il dispose à son gré de leur sang odieux ;
Trop au-dessous des lois, leurs jours sont à ses yeux
Comme ceux du reptile ou des monstres immondes
Que le limon du Gange enfante sous ses ondes.
Profanant la beauté, si jamais leur amour
Arrache à sa faiblesse un coupable retour,
Anathème sur elle, infamie et misère !
Morte pour sa tribu, maudite par son père,
Promise après la vie au céleste courroux,
Un exil éternel la livre à son époux.
Eh bien !... Mais je frémis ! tu vas me fuir peut-être ;
Ami d'un malheureux, tu vas cesser de l'être :
Je foule un sol fatal à mes pas interdit ;

Je suis un fugitif, un profane, un maudit ;
Je suis un Paria...

ALVAR.

Vous !

IDAMORE.

Encor si ma race
Eût par de grands forfaits mérité sa disgrace,
Ce fardeau de malheur, qu'en naissant j'ai porté,
N'eût pas de ma raison confondu l'équité.
Je ne t'accuse pas, auteur de la nature ;
Mais je les convaincrai d'orgueil et d'imposture,
Ces élus de Brama, dont l'infaillible voix
Explique sa parole et révèle ses lois.
Leur tribu, disent-ils, de son front élancée,
Sur le peuple à genoux régna par la pensée ;
La tribu des guerriers, ouvrage de ses bras,
Eut la force en partage et courut aux combats ;
Nous, il nous enfanta dans un jour de vengeance :
La poudre de ses pieds nous donna la naissance.
Je le croyais, ami, quand mon cœur se lassa
De l'éternel printemps des forêts d'Orixa.
Leurs gazons, leurs rochers importunaient ma vue ;
Mes yeux du haut des monts dévoraient l'étendue,
Quand mon père attachait mes esprits enchantés
Aux tableaux fabuleux qu'il traçait des cités :

ACTE I, SCÈNE I.

J'en découvrais de loin les pompeux édifices,
J'en devinais les arts, j'en rêvais les délices,
Je brûlais, consumé du désir curieux
D'admirer ces mortels, ces rois, ces demi-dieux,
Ces êtres inconnus... O Zarès, ô mon père,
Que ton réveil fut triste et ta douleur amère,
Quand ton œil, sur ma couche errant avec effroi,
Lui demanda ton fils qui fuyait loin de toi !

ALVAR.

Quoi ! vous l'avez quitté ?

IDAMORE.

Voilà, voilà mon crime ;
Voilà de mes malheurs la source légitime.
Zarès au doux sommeil s'abandonnait encor :
Je pars ; fuyant sans guide aux champs de Balassor,
Des pieds du voyageur j'interrogeais la trace.
Farouche, étincelant de vigueur et d'audace,
Les tigres des déserts, par mes bras terrassés,
Me couvraient tout entier de leurs poils hérissés.
Ainsi de ma tribu les vêtemens serviles
N'écartaient point mes pas de l'enceinte des villes.
J'y courais ; des clairons les belliqueux accens
Pour la première fois font tressaillir mes sens :
J'écoute... il me sembla qu'ils parlaient un langage
Connu de mon oreille et doux à mon courage.

La plaine se couvrit d'armes et d'étendards ;
Je les vis ces mortels qu'appelaient mes regards ;
Je cherchai sur leur front quelque marque divine
Où fût empreint l'éclat de leur noble origine ;
Vain espoir ! Qu'ai-je vu ? des traits efféminés,
Vieillis par les plaisirs, par les pleurs sillonnés,
Sous un faste imposant des corps dont la mollesse
Faisait mentir le fer qui chargeait leur faiblesse.
Je jurai d'asservir ces fantômes guerriers ;
Je l'ai fait. Dans leurs rangs, armé pour leurs foyers,
J'ai prodigué ces jours dont leur foule est avare ;
J'ai rougi de mon sang les flèches du Tartare ;
J'ai livré cent combats, Alvar, et le dernier,
En me créant leur chef, te fit mon prisonnier.
J'entrai dans Bénarès par mes mains délivrée ;
Je voulais contempler cette ville sacrée,
L'admirer et la fuir. Insensé, j'espérais
La fuir pour mon vieux père et mes tristes forêts.
D'un peuple adulateur l'ardente idolâtrie,
Ces mots, nouveaux pour moi, de gloire et de patrie,
Ces prodiges des arts, ce bruit des instrumens,
L'encens et l'aloès autour de moi fumans,
D'un essaim de beautés la danse enchanteresse,
Tout pénétra mes sens de langueur et d'ivresse ;
Mais Néala parut, et dans ce cœur dompté

Je sentis s'amollir un reste de fierté :
Je fléchis le genou, je vis une immortelle,
Et mon front malgré moi se courba devant elle.

ALVAR.

Oui, ce jour m'est présent; elle vous couronna
Des lauriers suspendus à l'autel de Crisna.
Jamais plus de beauté, jamais plus d'innocence,
N'ont soumis nos respects à leur double puissance.
Hélas! c'était ainsi que dans des jours plus beaux
La vierge des chrétiens bénissait mes drapeaux.

IDAMORE.

Je l'aimai; je connus ce premier esclavage
Qu'embrasse avec transport une ame encor sauvage,
Ce tumulte des sens et ces brûlans désirs,
Ces craintes, ces fureurs dont il fait des plaisirs;
Je connus cet amour qui charme et désespère.
Que voulais-tu de moi, vain souvenir d'un père?
Impuissante raison, vertu, respect des lois,
Que vouliez-vous? j'aimais pour la première fois.
Je surpris Néala non loin du sanctuaire
Qui cache aux feux du jour son culte solitaire,
Sous ces bois d'orangers, dont deux fleuves rivaux
Ont consacré les bords en confondant leurs eaux.
J'osai de mes tourmens peindre la violence.
Ah! que la vérité nous donne d'éloquence!

Cet aveu trouva grace à ses yeux attendris,
Dans sa bouche entr'ouverte il arrêta ses cris :
Que dis-je ? elle m'aima ; mais tremblante, incertaine,
Triste, et passant pour moi de l'amour à la haine,
Elle oublie à ma voix un époux immortel,
Et court en me quittant embrasser son autel.
De mon sang réprouvé si la source est connue,
Je ne suis plus qu'un monstre exécrable à sa vue.
Que de fois dans ce cœur, honteux de la tromper,
Je retins mon secret qui voulait m'échapper !
Paria ! ce nom seul la glace d'épouvante ;
La prêtresse frissonne, et je n'ai plus d'amante.
Voilà quel est mon sort : long-temps mon amitié
T'épargna les chagrins d'une vaine pitié ;
Sans qu'un malheur prochain m'étonne ou m'intimide,
J'ai besoin qu'un ami me console et me guide,
Je le sens, et toi seul... Qui porte ici ses pas ?
On s'approche... C'est elle ! Alvar, ne vois-tu pas,
A travers l'épaisseur de ce feuillage sombre,
Ce vêtement sacré qui la trahit dans l'ombre ?
Ami, si quelque Brame errait autour de nous,
Cours ; montre-lui ton glaive, et contiens son courroux ;
Force-le de rentrer dans sa sainte demeure :
Qu'il vive, s'il se tait ; s'il pousse un cri, qu'il meure.
Reviens pour la sauver.

SCÈNE II.

NÉALA, IDAMORE.

NÉALA.

Idamore! ah! parlez.
Idamore, est-ce vous?

IDAMORE.

Néala!... vous tremblez.
Ne craignez plus.

NÉALA.

O Dieux!

IDAMORE.

Que ma voix vous rassure.

NÉALA.

Quoi! j'ai percé l'horreur de cette nuit obscure!
Où suis-je? et qu'ai-je fait? Venez, quittons ces lieux...

IDAMORE.

Vous les avez choisis.

NÉALA.

Moi! j'outrageais les cieux!
Venez... Divinités de ce bois formidable,
J'épargne à votre oreille un entretien coupable.

Ne me punissez pas!... Où fuir, et quels chemins
Déroberaient ma honte aux regards des humains?

IDAMORE.

Demeurez, Néala : pouvez-vous craindre encore,
Quand vous vous appuyez sur le bras d'Idamore?

NÉALA.

Mes yeux n'ont rencontré que présages de deuil :
Du temple, en m'échappant, j'avais heurté le seuil,
La flamme des trépieds jetait des feux sinistres,
J'ai frémi...! Si quelqu'un de nos pieux ministres,
Si mon père...

IDAMORE.

Tout dort, bannissez votre effroi.

NÉALA.

Eh! dorment-ils ces dieux que je trahis pour toi?
Va, leur voix empruntait, pour troubler mon courage,
Le murmure des vents et le bruit du feuillage;
Et quand dans ces rameaux, qui m'accusaient tout bas,
Mes voiles arrêtés ralentissaient mes pas,
C'était la main des dieux, oui, leur main vengeresse,
Qui, prête à la punir, arrêtait leur prêtresse.

IDAMORE.

Eh bien! retournez donc au pied de votre autel;
Portez-lui vos terreurs. Offrez à l'Éternel
Mes soupirs dédaignés, mes feux en sacrifice;

ACTE I, SCÈNE II.

Du crime sur moi seul détournez le supplice.
Allez, près de l'époux qu'ici vous regrettez,
Chercher d'un autre amour les saintes voluptés.
Soyez heureuse : allez.

NÉALA.

Il est vrai, je t'offense :
Que puis-je redouter? tu prendrais ma défense.
Pardonne, je suis faible ; et si je l'étais moins,
Me viendrais-je à ta foi remettre sans témoins?
Aurais-je enfreint les lois que j'observais sans peine,
Avant qu'un fol amour m'en fît sentir la chaîne?
Aussi le juste ciel, qui veillait sur mes jours,
D'un œil impitoyable a regardé leur cours :
Ces purs ravissemens, cette divine extase
D'une ame sans remords que la ferveur embrase,
Cette ineffable paix que donne la vertu,
M'ont punie, en fuyant, d'avoir mal combattu ;
Mais je ne me plains pas, non, je les abandonne
Pour ce bonheur amer que la crainte empoisonne,
Pour te voir, te parler, pour entendre ta voix,
Et j'ai voulu l'entendre une dernière fois.

IDAMORE.

Achève, Néala ; parle, quelle puissance
Veut rompre de nos cœurs la secrète alliance ?
Quelle autre que la mort nous pourrait séparer ?

NÉALA.

Celle que mon enfance apprit à révérer,
Celle que la nature a commise au grand-prêtre.

IDAMORE.

Ah! c'est lui!...

NÉALA.

C'est mon père et mon souverain maître.
Le Gange, où du soleil brillaient les derniers feux,
Recevait en tribut mon offrande et mes vœux ;
Sans fixer mes esprits qui les suivaient à peine,
Mes lèvres murmuraient une prière vaine.
Et dans ce trouble heureux dont j'aimais l'abandon
Mêlaient aux mots sacrés tes aveux et ton nom.
Le grand-prêtre parut; je pâlis, insensée,
Comme s'il eût pu lire au fond de ma pensée !
« Néala, me dit-il, apprenez par ma voix
« Qu'un oracle du Gange a révoqué son choix.
« Avant qu'à ses autels le serment vous engage,
« Il veut vous affranchir d'un éternel veuvage.
« A l'hymen d'un mortel il vous cède aujourd'hui.
« Quand ce mortel viendra, vous quitterez pour lui
« Cet asile de paix dont l'ombre et le silence
« Des conseils corrupteurs gardaient votre innocence.
« Recevez cet époux avec un cœur pieux,
« Comme le don d'un père et le présent des cieux. »

ACTE I, SCÈNE II.

IDAMORE.

Eh quoi! dans mon orgueil, quoi! dans ma folle audace,
J'étais jaloux d'un dieu dont j'usurpais la place;
Mortel, je m'indignais qu'un dieu fût mon rival;
Et d'un homme aujourd'hui je ne suis plus l'égal!
Et ce dieu, lui livrant mon amante ravie,
Lui transporte d'un mot mon bonheur et ma vie!
Tu ne m'appartiens plus, tu veux m'abandonner,
Dans le fond d'un sérail ils vont t'emprisonner!
Non! quel est cet époux? est-il prince ou bramine?
Oh! qu'il a dû vanter son illustre origine!
Quel est son rang, son nom? où le faut-il chercher?
Quel temple ou quel palais peut encor le cacher?

NÉALA.

Calmez-vous, je l'ignore; hélas! je crains mon père;
Je ne sais point braver sa majesté sévère.
Par un soin curieux je pourrais l'outrager;
J'écoute, je réponds, et n'ose interroger.

IDAMORE.

Alors, c'est donc à moi d'écarter le nuage
Où se cache des dieux cette invisible image.
Il s'arroge une part dans leur divinité;
Il voit comme un néant la faible humanité;
Il se trouble à l'éclat de sa grandeur suprême;
Il s'impose, il s'adore, il a foi dans lui-même.

J'irai le détromper.

NÉALA.

Parlez plus bas; les vents
Peut-être à son oreille ont porté vos accens.

IDAMORE.

C'est mon vœu, mon espoir! eh bien, qu'il se présente,
Qu'il vienne de mes bras arracher mon amante.
Déjà contre le mien son pouvoir s'est heurté.
Il crut, dans ses complots contre ma liberté,
Me trouver à ses dons une vertu facile,
Ou briser mon orgueil comme un roseau fragile;
J'ai repoussé les dons que présentait sa main,
Et son joug s'est rompu contre ce front d'airain.

NÉALA.

Quel triomphe pour vous! quelle vertu sublime,
D'insulter aux objets d'un culte légitime!
De la nature au moins n'outragez pas les lois.
Parlez, si votre père eût réclamé ses droits,
Auriez-vous méconnu sa voix auguste et chère?
S'il respirait encore...

IDAMORE.

Il vit!... ah, je l'espère!
Il vit!... de quel malheur viens-tu m'épouvanter?
Excuse des transports que je n'ai pu dompter.
J'ignore l'art trompeur, inventé dans les villes,

D'enchaîner à son gré ses passions dociles.
Les lois, les vains égards, les devoirs convenus,
M'ont chargé de liens jusqu'alors inconnus.
Jeté, farouche encore, à travers ces entraves,
Je frémis sous leur poids, léger pour des esclaves.
Oui, jusque dans tes fers ton amant a porté
Des monts qui l'ont nourri la sauvage âpreté.
Si tu me connaissais, si jamais ma naissance...
Ah! je dois respecter ta juste obéissance;
Poursuis, affranchis-toi d'un sacrilége amour.

NÉALA.

Qui que tu sois, mon cœur est à toi sans retour.

IDAMORE.

Sais-tu, fille d'un brame, à qui ton cœur se donne?

NÉALA.

Le trône de Dehli, que la gloire environne,
Dût-il de mes splendeurs rendre les rois jaloux,
Un désert avec toi m'aurait semblé plus doux.

IDAMORE.

Un désert! ah! qu'entends-je? ah! vierge infortunée,
Dans le fond des déserts pourquoi n'es-tu pas née?
Ou pourquoi les destins, contre nous irrités,
Ne m'ont-ils pas fait naître au milieu des cités?
C'est trop me déguiser sous l'éclat qui t'abuse,
A tromper plus long-temps ma fierté se refuse;

Connais-moi tout entier...

NÉALA.

Idamore, écoutez :
On s'avance vers nous à pas précipités;
C'en est fait! Sauvez-moi.

IDAMORE.

Quel mortel, las de vivre,
Te voyant sous ma garde, osera te poursuivre?
Viens... Mais c'est un ami, c'est un guerrier chrétien
A qui j'ai révélé mon secret et le tien,
Qui veillait sur tes jours.

SCÈNE III.

Les précédens, ALVAR.

ALVAR.

Fuyez. L'aube nouvelle
Ramène à sa clarté tout un peuple fidèle.
Ces bois vont retentir des hymnes du matin,
Et du concert pieux j'entends le bruit lointain.

(Ici les premières mesures du chœur.)

IDAMORE.

Quoi! si tôt!...

NÉALA.

Ah! fuyez.

IDAMORE.

Vous reverrai-je encore ?

NÉALA.

Peut-être.

IDAMORE.

Accordez-moi la faveur que j'implore,
Et je pars.

NÉALA.

Eh bien !... oui.

IDAMORE.

Demain, au même lieu.

NÉALA.

Demain.

IDAMORE.

Vous le jurez ?

NÉALA.

Oui, mais fuyez...

IDAMORE.

Adieu !

SCÈNE IV.

NÉALA seule, tombant à genoux.

O toi ! dont la puissance éclata la première,
Quand Brama de la nuit sépara la lumière,
Soleil, dieu créateur, tes rayons bienfaisans
Au plus vil des humains prodiguent leurs présens.
Entends du haut des cieux, entends ma voix timide.
Au laurier qui t'est cher si j'offre une eau limpide,
Des couleurs de ton choix si mon front s'est paré
A la fête où ton nom se plaît d'être honoré,
Permets que sous son voile une ombre favorable
Dérobe au châtiment la fuite d'un coupable.
Respecte le secret d'un amant malheureux,
Dont ton œil vigilant a surpris les aveux.
Mais si contre son sang ta clarté s'est armée,
S'il est puni, s'il meurt pour m'avoir trop aimée,
Adieu, soleil, adieu, demain tu reviendras,
Et mes yeux pour te voir ne se rouvriront pas !

SCÈNE V.

CHŒUR.

BRAMES, portant des instrumens ; **GUERRIERS, PEUPLE.**

PREMIER BRAME.

Du soleil qui renaît bénissez la puissance ;
    Chantez, peuples heureux, chantez :
Couronné de splendeur, il se lève ; il s'avance.
    Chantez, peuples heureux, chantez
Du soleil qui renaît les dons et les clartés

LE PEUPLE.

    Il se lève, il s'avance ;
    Publions sa puissance,
    Adorons ses clartés.

SECOND BRAME.

Sept coursiers, qu'en partant le Dieu contient à peine [1],
Enflamment l'horizon de leur brûlante haleine :
    O soleil fécond, tu parais !
Avec ses champs en fleurs, ses monts, ses bois épais,
    Sa vaste mer de tes feux embrasée,
    L'univers, plus jeune et plus frais,
Des vapeurs du matin sort brillant de rosée !

---

[1]. Bhaguat-Geeta.

PREMIER BRAME.

Disparaissez, démons enfantés par la nuit,
Du meurtrier sinistres guides;
Vous qui trompez par des lueurs perfides
Le voyageur charmé dont l'erreur vous poursuit,
Tombez, disparaissez sous ses flèches rapides!

CHOEUR DES BRAMES.

Et vous, peuples heureux, chantez
Les démons dispersés par ses flèches rapides;
Et vous, peuples heureux, chantez
L'astre victorieux qui vous rend ses clartés.

LE PEUPLE.

Publions sa victoire,
Adorons ses clartés.

UN BRAME.

Sous douze noms divers les mois chantent sa gloire [1].

UN AUTRE.

Douze palais égaux, où l'entraîne le temps,
Reçoivent tour à tour ses coursiers halétans.

PREMIER BRAME.

Chaque saison lui doit les attraits qu'elle étale :
Le printemps les parfums que son haleine exhale,
L'été ses fruits et ses moissons ;
Il gonfle de ses feux les trésors dont l'automne

---

1. Bhaguat-Geeta.

En riant se couronne ;
Chantons en lui le père des saisons.

LE PEUPLE.

Chantons, chantons en lui le père des saisons,
Qui doivent à ses dons
L'éclat changeant de leur couronne.

UNE VOIX, parmi le peuple.

Ce doux pays, agréable à ses yeux,
Est un jardin paré de ses largesses ;
Ce doux pays reçoit du haut des cieux
De ses rayons les premières caresses.

UNE AUTRE.

Sous une forme humaine il habita nos monts,
Des fureurs du serpent délivra nos campagnes :
Il apprit aux bergers de divines chansons,
Que répétaient en chœur neuf vierges ses compagnes [1].

CHŒUR.

Ce doux pays, agréable à ses yeux,
Répète encor ses vers mélodieux.

SECOND BRAME.

Eh ! comment garder le silence ?
Le réveil de la terre est un hymne d'amour :
Dans les forêts, que leur souffle balance,
Les brises du matin célèbrent son retour ;

---

[1]. Soucrat, Wm Jones.

La mer, qui se soulève, en grondant le salue ;
Tourné vers l'orient, où brille un nouveau jour,
Le lion se prosterne et rugit à sa vue,
Pour lui porter ses vœux au céleste séjour,
    L'aigle en poussant des cris, s'élance...
    Eh ! comment garder le silence ?
Le réveil de la terre est un hymne d'amour.

UN GUERRIER.

Je viens d'armer mon fils ; soleil, de ton passage
Que, féconde en bienfaits, sa gloire offre l'image ;
Qu'on admire l'éclat de ses exploits naissans ;
    Que le midi de sa noble carrière
Brille, comme le tien, de feux éblouissans ;
Qu'il meure comme toi dans des flots de lumière.

UNE JEUNE FILLE.

    Ma mère aux portes du tombeau
    Languit dans une nuit épaisse ;
    Les doux rayons de ton flambeau
    N'écartent plus le noir bandeau
    Dont l'ombre sur ses yeux s'abaisse.

    Si je la perds, que puis-je aimer ?
    Elle seule était ma famille ;
    Sous mes baisers viens rallumer
    Ses yeux que la mort va fermer ;
    Permets-lui de revoir sa fille.

UN BRAME.

Dieu des divins accords, souris à nos accens.

UN GUERRIER.

Ma main, dieu des guerriers, te consacre ces armes.

ACTE 1, SCÈNE V.

UN PASTEUR.

Reçois, dieu des pasteurs, mes fruits et mon encens.

LA JEUNE FILLE.

Dieu de tous, je suis pauvre, et je t'offre mes larmes.

CHOEUR DES BRAMES.

Chantez, peuples heureux, chantez
Du soleil qui renaît les dons et les clartés.

CHOEUR GÉNÉRAL.

Eh! comment garder le silence?
Avec tout l'univers célébrons son retour.
Couronné de splendeur, il se lève, il s'élance;
Eh! comment garder le silence?
Le réveil de la terre est un hymne d'amour.

FIN DU PREMIER ACTE.

ACTE DEUXIÈME.

SCÈNE I.

EMPSAEL, LE CHOEUR.

EMPSAEL.
L'astre dont vos concerts ont publié la gloire
De vos vœux dans son cours gardera la mémoire.
Dans le sein des sillons, à ses feux présenté,
Il répandra la vie et la fécondité.
Peuple, offrez-lui toujours d'abondans sacrifices,
Et de riches moissons en paîront les prémices.
Prêtres, persévérez dans vos austérités;
Vos maux ont un témoin, vos soupirs sont comptés.
Sous le fer, sous le feu, qui creusent vos blessures,
De la chair et du sang réprimez les murmures;
Dieu vous garde une place auprès de vos aïeux :
La vie est un combat dont la palme est aux cieux.
Sous vos ombrages frais Akébar va descendre.
Écartez l'imprudent qui le pourrait surprendre.

Le temple s'ouvre, il vient; à ses pieds prosternés,
Ne levez point vos yeux vers la terre inclinés;
Gardez-vous d'altérer par leur coupable atteinte
Cette paix des élus sur son visage empreinte.
Qu'on se retire, allez.

(Les brames et le peuple se retirent sans regarder Akébar.)

SCÈNE II.

EMPSAEL, AKÉBAR.

AKÉBAR. Il descend lentement les degrés du temple et s'approche d'Empsaël, qui se prosterne devant lui.

Levez-vous, Empsaël.
Ne puis-je redouter l'abord d'aucun mortel?
Ces accens, dont Brama daigne emprunter l'organe,
N'iront-ils point frapper une oreille profane?

EMPSAEL.

Quand tu veux te cacher, flambeau de vérité,
Quel souffle ternirait ton éclat respecté?
Nul n'osera mêler un regard infidèle
A ce commerce auguste où ta bonté m'appelle;
Sois sans crainte.

AKÉBAR.

O bonheur de se voir adoré,

Qu'avec emportement mon cœur t'a désiré,
Et, pour livrer ma vie à tes pompeux spectacles,
Combien j'ai surmonté de chagrins et d'obstacles !
Je te possède... Hélas !

EMPSAEL.

Quoi ! voulez-vous toujours
De vos prospérités empoisonner le cours,
Souffrir avec ennui que le peuple vous voie,
Respirer sans plaisir l'encens qu'il vous envoie ?
N'aimez-vous plus ce trône où de lointains climats
Les rois viennent baiser la trace de vos pas ?

AKÉBAR.

Je l'aimais quand un autre y siégeait à ma place ;
Entre nous à regret je mesurais l'espace ;
A ses débiles mains j'enviais l'encensoir.
Le voilà donc ce trône où j'ai voulu m'asseoir !
Composer ses regards, veiller sur son visage,
Affecter la froideur d'une insensible image,
O tourment ! que mon front, lassé de ses splendeurs,
Se courbe avec dégoût sous le poids des grandeurs !
Que le temple et sa pompe, et sa triste harmonie,
Ont fatigué mes sens de leur monotonie !

(Il tombe assis sur un banc de gazon.)

EMPSAEL.

Contre l'ennui secret qui consume vos jours

Dans l'étude autrefois vous cherchiez un secours.

AKÉBAR.

Oui, j'ai long-temps pâli sur ces tables antiques,
Des quatre âges du monde infaillibles chroniques,
Et tant d'écrits savans, entassés dans nos murs,
Ont chargé mon esprit de leurs dogmes obscurs.
Après trente ans d'efforts, j'ai percé dans les ombres
Des caractères saints, des figures, des nombres;
Les éclats de la foudre et le cri des oiseaux
Ont d'oracles certains payé mes longs travaux;
Qui, d'un vol plus hardi consultera les astres
Sur des succès futurs ou de prochains désastres,
Et d'un songe équivoque envoyé par les dieux
Lira d'un œil plus sûr l'avis mystérieux?
Science que j'aimais, séduisante chimère,
Ta coupe inépuisable à ma bouche est amère;
Tes charmes sont trompeurs, et tu m'as enivré
Sans étancher la soif dont je suis dévoré!
Quoi! tout est vain?...

EMPSAEL.

Jamais vos misères passées
N'ont d'un chagrin plus sombre obscurci vos pensées.
Quel est ce mal cuisant pour vous seul réservé,
Dont vous cachez la plaie à mon zèle éprouvé?

ACTE II, SCÈNE II.

AKÉBAR; il se lève.

Quel bonheur, Empsaël, quelle volupté pure
D'abandonner ses sens au vœu de la nature !
Par ces chemins de fleurs, dont j'ai fui les appas,
Qu'il est doux d'égarer ses désirs et ses pas !
Ce bonheur est le tien, ô fougueux Idamore !

EMPSAEL.

Son triomphe importun vous poursuit-il encore ?

AKÉBAR, avec violence.

Il osa me braver : sans fléchir les genoux,
De mon œil menaçant il soutint le courroux !
On l'admire pourtant, on l'exalte, on l'encense ;
L'amour qui l'environne impose à ma puissance.
Il règne, et qu'a-t-il fait ? le devoir d'un soldat.
Un misérable sang, qu'il verse pour l'État,
L'emporte sur celui dont mon pieux courage
De Brama sur l'autel vient arroser l'image.
Quel effort douloureux s'est-il donc imposé ?
Par quels jeûnes cruels son corps s'est-il usé ?
Sa langue, dont le ciel tolère l'insolence,
N'a pas langui dix ans dans un morne silence.
Il est libre, et son cœur, fier de ses sentimens,
N'en contraignit jamais les heureux mouvemens.
Il se livre au penchant dont l'erreur le caresse,
De la gloire à longs traits il savoure l'ivresse ;

Tandis qu'enseveli dans ma noble prison,
J'arme contre mes sens une froide raison ;
Tandis que, m'exerçant par d'obscurs sacrifices,
Je suis mort à la joie, au monde, à ses délices,
Aux douceurs de l'espoir, aux flammes des désirs.
Pour moi sont les tourmens, et pour lui les plaisirs ;
Et le bien, le seul bien où mon amour s'attache,
Comblé de tous les dons, c'est lui qui me l'arrache :
Ma puissance, il l'outrage, il l'ose mépriser ;
Sous mes foudres sacrés j'hésite à l'écraser !
Dieux ! ma tête a blanchi dans mon saint ministère,
Et vous donnez sa honte en spectacle à la terre !
Vengez-moi ; triste objet d'envie et de pitié,
Grands dieux, dans mon exil m'avez-vous oublié ?

EMPSAEL.

Ah ! qu'ils ne privent pas de ce chef intrépide
La tribu des guerriers, qui l'a choisi pour guide.
Qu'importe à vos dégoûts qu'il se soit révolté
Contre les droits divins de votre autorité ?
Elle n'est, dites-vous, qu'un illustre esclavage...

AKÉBAR.

Je n'en puis sans mourir endurer le partage.
Triste effet des grandeurs ! leur amour malheureux
Égare nos esprits en de contraires vœux.
S'il échappe à nos mains ce pouvoir qui nous pèse,

Il nous laisse un regret que nul charme n'apaise,
Un vide, un vide affreux que rien ne peut combler.
De sa vieillesse oisive on se sent accabler;
Un je ne sais quel vague empoisonne l'étude,
Corrompt de nos plaisirs l'innocente habitude.
Alors il faut mourir !... Encor quelques instans,
Je connaîtrai mon sort; il viendra, je l'attends...
Ah! qu'il honore en moi l'autorité suprême,
Et je ne le hais plus, je l'adopte, je l'aime.
Qu'il parle : que veut-il? des biens? des dignités?

EMPSAEL.

Quels dons par vous offerts n'a-t-il pas rejetés ?

AKÉBAR.

Peut-être il en est un qui fléchira sa haine :
Par ce lien auguste il faut que je l'enchaîne;
Je le veux. Cet honneur est sans doute inouï,
Et son farouche orgueil en doit être ébloui.
Je le veux...

EMPSAEL.

   Pour bannir le soin qui vous tourmente,
Souffrez que devant vous Néala se présente;
Et bientôt à sa voix ce déplaisir mortel
Fera place aux transports de l'amour paternel.

AKÉBAR.

Moi, la voir! ah! demeure. Infortuné! j'évite

Jusqu'aux doux mouvemens dont son aspect m'agite.
Ils troublent ma ferveur; je m'accuse en secret
D'un sentiment humain dont Dieu n'est pas l'objet.
Mais je l'aime, et, soigneux de cacher ma faiblesse,
Je me fais un tourment de ma propre tendresse.
Néala me redoute; en lui tendant les bras
Jamais je n'enhardis son timide embarras;
Je n'adoucis jamais par un tendre sourire
L'austère majesté qui sur mes traits respire.
Quand un père à sa fille ouvre ses bras tremblans,
Lui laisse avec amour baiser ses cheveux blancs,
Je m'indigne, je pleure, et vois d'un œil d'envie
Ce bonheur inconnu dont j'ai privé ma vie.
Ma fille!... et je la perds; le ciel veut qu'à ce prix
Je rachète un pouvoir qu'il m'a trop tôt repris!
Ma mort suivra de près cette épreuve dernière...
Mais j'emporte au tombeau ma grandeur tout entière.
Eh bien! n'hésitons plus, j'y souscris, c'en est fait!

EMPSAEL.

Ah! sachez vous contraindre : Idamore paraît.
Pourrez-vous déguiser l'horreur qu'il vous inspire?..

AKÉBAR, froidement.

Quelle horreur? qu'avez-vous? et que voulez-vous dire?
Voyez, je suis tranquille, et sur mon front serein

Mon trouble n'a laissé ni courroux, ni chagrin.
Sortez.

SCÈNE III.

AKÉBAR, IDAMORE.

IDAMORE.

Votre message a droit de me surprendre ;
A cet excès d'honneur j'étais loin de m'attendre.
Vous souhaitez me voir, vous, seigneur! et pourquoi ?
Pontife du Très-Haut, que voulez-vous de moi ?

AKÉBAR, à part.

De quel œil ce profane insulte à ma présence !
(haut.)
Contre ma faible voix vous vous armez d'avance ;
Vous apportez sans doute à ce grave entretien
Un cœur aigri, blessé, bien différent du mien ;
Vous le connaissez mal.

IDAMORE.

Il a changé peut-être.
Pour moi, je suis le même, et je veux toujours l'être ;
Juste, mais inflexible.

AKÉBAR.

Ainsi votre fierté

Prend le mépris des lois pour l'austère équité.
Ce bras, qui les détruit, met la force à leur place,
N'écoute de conseils que ceux de son audace.
Un vainqueur tel que vous se croirait avili
S'il n'affectait l'horreur de tout ordre établi.
Vous laissez le vulgaire accorder à l'usage
Ses aveugles respects et son servile hommage;
Mais vous!...

IDAMORE.

De mes avis le sacrilége orgueil
Du temple où vous régnez a-t-il franchi le seuil?
L'a-t-on vu s'arroger quelques droits despotiques
Sur vos rites secrets, vos pieuses pratiques?
Content d'y présider, laissez, laissez mes mains
Se charger du fardeau des intérêts humains.
Soyez plus qu'un mortel, j'y consens, si nous sommes,
Vous le dernier des dieux, moi le premier des hommes.

AKÉBAR.

Poursuivez, Idamore; il est digne de vous
D'accabler un vieillard sans force et sans courroux.
Est-ce là ce guerrier si grand, si magnanime?
Insensé! quelle erreur contre moi vous anime?
Suis-je votre ennemi?

IDAMORE.

Vous l'êtes, je le sais.

ACTE II, SCÈNE III. 41

Mon ennemi ! qui, vous ?... plus que vous ne pensez...
Plus que je ne puis dire.

AKÉBAR.

Eh ! comment ? je l'ignore.
Qu'ai-je fait ?

IDAMORE.

Mon malheur. Vous qu'un vain peuple adore,
Qui portez saintement d'inévitables coups ;
Oui, vous, mon ennemi, le plus cruel de tous ;
Oui, ce que n'auraient pu ni Chrétiens, ni Tartares,
Vous l'avez fait : c'est vous... Malheureux, tu t'égares !

AKÉBAR.

Que répondre, Idamore, à ces vagues discours,
Dont la fureur commence et rompt soudain le cours ?
O vous qui m'accusez, je plains votre délire.
Connaissez-la cette ame où vous avez cru lire :
Moi, me préoccuper de soins ambitieux,
Quand la nuit du tombeau se répand sur mes yeux,
Quand l'eau lustrale attend ma dépouille glacée ?
Qu'un plus sublime objet absorbe ma pensée !
Le bonheur de ma fille, après mes longs combats,
Est l'unique devoir qui me trouble ici-bas.
Le ciel, dont la bonté la rend à mes tendresses,
A dérobé sa tête au bandeau des prêtresses.
Une illustre alliance embellirait ses jours ;

J'ai cherché dans l'armée, au temple, dans les cours,
Quelque mortel si grand, que son sang trouvât grace
Devant l'éclat divin des auteurs de ma race.

IDAMORE.

Il est choisi sans doute?

AKÉBAR.

Oui, seigneur. Je le croi
Digne de mes aïeux, de ma fille et de moi.

IDAMORE.

Son nom?...

AKÉBAR.

Il porte un nom que l'Indostan révère.
Le destin des combats ne lui fut point sévère.
Il est brave, puissant...

IDAMORE.

Mais enfin, cet époux,
Ce vainqueur, ce héros, quel est-il donc?

AKÉBAR.

C'est vous.

IDAMORE.

Qu'entends-je?

AKÉBAR.

Le voilà cet ennemi terrible.

IDAMORE.

Ah! croyez... J'ignorais... O ciel! est-il possible?

Qui, moi?

AKÉBAR.

De cet espoir je flattais mes douleurs,
Et ce jour, le premier de la saison des fleurs,
Ce jour, que nous comptons parmi nos jours propices,
Eût éclairé vos nœuds formés sous ses auspices.

IDAMORE.

Mon père! l'Éternel me parle par ta voix.
Il t'inspire, il me nomme, il a dicté ton choix.
J'accepte ses bienfaits, j'adore tes oracles.
Un seul mot de ta bouche enfante des miracles:
Oui, mon orgueil vaincu s'humilie à tes pieds.
Que par mon repentir mes torts soient expiés.
J'avais vu Néala, j'aimais sans espérance;
J'ai maudit tes autels, vos lois, ma dépendance,
Toi-même, toi, mon père;... et tu combles mes vœux!
D'un amour téméraire excuse les aveux;
Pardonne à mes fureurs. J'abjure, je déteste
De ce cœur révolté l'égarement funeste;
Mais du moins à la haine il fut toujours fermé:
Mon crime, ah! mon seul crime est d'avoir trop aimé!

AKÉBAR.

Ne vous condamnez point; peut-être ma sagesse
Gênait par ses leçons votre ardente jeunesse.
Je puis à votre oreille épargner mes avis...

IDAMORE.

Non, parlez, commandez. Ils seront tous suivis.
Prenez sur ma raison un souverain empire.
Eh! ne vous dois-je pas le seul bien où j'aspire?
Néala, mon amante... ah! daignez l'appeler.
Ne puis-je la revoir? vais-je enfin lui parler?
Quel lieu doit nous unir? quelle heure fortunée
Verra bénir par vous un si cher hyménée?

AKÉBAR.

Eh bien, que de nos lois la sainte austérité
Fléchisse pour vous seul devant ma volonté.
Ces bois religieux, dont un antique usage
Aux pompes de l'hymen consacre le feuillage,
Vers la quatrième heure entendront vos sermens;
Qu'ils soient de vos aveux les premiers confidens.
Attendez votre épouse aux lieux où je vous laisse.
Adieu, mon fils.

(Il présente sa main à Idamore qui s'incline pour la baiser.)
(à part.)

Superbe, enfin ton front s'abaisse!

SCÈNE IV.

IDAMORE.

Son fils! je suis son fils! l'époux de Néala!
Son fils... de ce doux nom un autre m'appela.
Il me pleure... il me cherche, et mon hymen s'apprête.
Il n'assistera point à cette auguste fête.
Zarès n'est plus mon père, hélas, il ne l'est plus!...
Des biens communs à tous les hommes l'ont exclus ;
Et tu t'es fait leur frère à force d'imposture!
Ton ame s'avilit en fuyant la nature :
Ils t'ont rendu cruel, perfide, ingrat comme eux ;
Renonce à ton vieux père, achève et sois heureux.
Quel bonheur de tromper une vierge innocente,
De frémir au doux son de sa voix caressante,
De la craindre en l'aimant, de dire avec effroi :
Ce cœur, s'il me connaît, va se fermer pour moi !
D'étouffer un secret dont le poids vous oppresse!...
Et s'il éclate, ô ciel! quel prix de sa tendresse!
La malédiction dont mes jours sont couverts,
L'exil, le désespoir, la mort dans les déserts!...
Non, elle connaîtra le proscrit qu'elle adore...

Mais contre ses terreurs si l'amour lutte encore,
De ces nœuds réprouvés affrontant le danger,
Si de mon avenir elle ose se charger,
Nature, il faut céder, j'oublîrai tout pour elle.
Dieux ! je la vois. Heureuse, elle en paraît plus belle.
De quel funeste aveu je la vais accabler !
Je tremble... elle m'apprend que je pouvais trembler.

SCÈNE V.

IDAMORE, NÉALA.

NÉALA.

Accusez-vous encor la justice éternelle ?
Le pontife à sa voix vous trouve-t-il rebelle ?
Il vous donne sa fille, il parle, et son pouvoir
Change une ardeur coupable en un pieux devoir.
Que béni soit le jour qui nous rend l'innocence !
Le Très-Haut nous a vus d'un regard d'indulgence,
Et les divinités qui peuplent ces forêts
Devant lui sans colère ont porté nos secrets.
Au pied de son autel confondons nos hommages ;
Venez... Mais sur vos traits quels sinistres nuages !

ACTE II, SCÈNE V.

IDAMORE.

Néala!...

NÉALA.

Qu'avez-vous?

IDAMORE.

Si vous saviez...

NÉALA.

Eh bien?

IDAMORE, à part.

Détruirai-je d'un mot mon bonheur et le sien?
(haut.)
Vous m'aimez?

NÉALA.

Moi, grands dieux!

IDAMORE.

Mais d'un amour extrême,
Sans borne, égal au mien?

NÉALA.

J'en appelle à vous-même.

IDAMORE.

C'est moi que vous aimez, non le chef des guerriers,
Non l'éclat de mon rang, mes titres, mes lauriers?
Quel que soit l'abandon où l'avenir me livre,
A ces biens fugitifs votre amour doit survivre?

NÉALA.

En doutez-vous?

IDAMORE.

　　　　　Jamais vous ne les avez plaints
Ces malheureux, privés de l'aspect des humains...

NÉALA.

Comment?...

IDAMORE.

　　　　Dont la tribu, proscrite et vagabonde,
Traîne après soi l'horreur et les mépris du monde?

NÉALA.

N'achevez pas : leur nom est funeste, odieux;
Il souillerait l'air pur qu'on respire en ces lieux.

IDAMORE.

Un d'eux... il était las de son sort misérable...
Secouant tout à coup l'opprobre qui l'accable,
Il vient, combat, triomphe. Admis dans les cités,
Il profane les murs par vous-même habités.

NÉALA.

Ah! que de son abord votre bras m'affranchisse;
Un ennemi du ciel! un monstre!... Qu'il périsse!
Point de pitié, frappez !

IDAMORE.

　　　　　　　Frappez donc votre époux :
Cet ennemi, ce monstre embrasse vos genoux.
Frappez.

ACTE II, SCÈNE V.

NÉALA, se précipitant vers la statue de Brama, qu'elle embrasse.

Toi qui l'entends, protége ta prêtresse;
Dieu, fais luire entre nous ta foudre vengeresse;
Que ce marbre insensible, ébranlé par mes cris,
Entre l'impie et moi renverse ses débris.

IDAMORE, à genoux.

Ma vie est un fardeau; prenez-la, je l'abhorre.
Mon amitié flétrit, mon amour déshonore,
Mon nom glace d'effroi.

NÉALA, sans le regarder.

Les cieux m'en puniront;
Mais le tranchant du fer n'atteindra pas ton front.
Infortuné, va-t'en!

IDAMORE.

Hélas! dans quelles villes,
Sous quel heureux climat, sur quels bords si fertiles,
Où les plaisirs pour moi ne soient sans volupté,
Le printemps sans parure, un beau jour sans clarté?
Vous fuirai-je aux déserts? mais où fuir ce qu'on aime?
Dans quel antre profond me cacher à moi-même?
Où ne verrai-je plus ces flambeaux de la nuit,
Dont les feux si souvent à vos pieds m'ont conduit?
Par quel chemin vous fuir? quel rocher, quelle source,
Pour me parler de vous ne suspendra ma course?
Beaux lieux, sans m'arrêter comment vous parcourir?

Et puis-je en la fuyant m'arrêter sans mourir ?
Fleuve heureux, bois si chers à ma reconnaissance,
Je vous reverrai donc, mais pleins de son absence !...
A travers les rameaux, là, j'observais ses pas ;
Là, pour l'entretenir, j'affrontai le trépas ;
Là, les heures pour moi s'alongeaient dans l'attente ;
Ici, je lui donnai ce doux titre d'amante ;
Plus loin... ô Néala, quel prix de mes exploits !
Je leur dus de vous voir pour la première fois.
Couronné par vos mains, que j'étais fier de l'être !
Ah ! vous m'aimiez alors, vous m'admiriez peut-être.
Oui, malgré vos mépris, oui, malgré mon malheur,
Ce jour atteste encor que j'eus quelque valeur ;
Quelques dons m'élevaient au-dessus du vulgaire,
Et j'avais des vertus puisque j'ai pu vous plaire.

NÉALA.

Ils me furent cruels, ces dangereux trésors,
Dont j'exaltais le prix pour tromper mes remords.
Pourquoi m'ont-ils caché sous leur brillant mensonge
L'abîme inévitable où mon erreur me plonge ?
Malheur au cœur aimant que leur charme séduit :
C'est par eux qu'à jamais mon bonheur fut détruit.

IDAMORE.

Il ne l'est pas encor ; du moins il peut renaître.
La pompe se prépare, eh bien... dois-je y paraître ?

ACTE II, SCÈNE V.

Cet aveu qu'en tremblant j'ai versé dans ton sein,
N'y laisse plus pour moi qu'horreur et que dédain :
D'un amour confiant il est l'excès sublime,
Mon seul droit au pardon, mon titre à ton estime.
Je disais : Il m'est doux de lui livrer mon sort,
D'arracher à sa crainte un si pénible effort,
Si grand, si généreux, que jamais avant elle
La plus parfaite ardeur n'en laissa de modèle.
Donnons-lui ce triomphe; honneurs, lauriers, pouvoir,
Jetons tout à ses pieds, je veux tout lui devoir!
Je l'ai fait sur la foi de ta sainte promesse;
J'en ai cru ta pitié, j'en ai cru ta tendresse,
Chassé, maudit par toi, j'en crois encor tes pleurs;
Voilà tous mes garans, parle, sont-ils trompeurs?

NÉALA.

Eh! quel est ton espoir? que d'une ame affermie
J'accepte en t'épousant l'exil et l'infamie?...
Je le veux; mais demain quel sera mon appui,
Si l'ange de la mort m'appelle devant lui?
Surprise dans les nœuds d'un hymen sacrilége,
A ce juge irrité, dis-moi, que répondrai-je?
Le courroux des humains ne peut m'épouvanter;
Mais le sien, mais pour toi le faut-il affronter?
Mais faut-il échanger contre des cris funèbres,
Contre le noir séjour des esprits de ténèbres,

Contre des châtimens qui prolongent mes maux
Au-delà de ce monde, au-delà des tombeaux,
Cette paix, ces plaisirs, ces innocentes joies,
Que Dieu garde aux tribus qui marchent dans ses voies,
Dieu même, et les clartés de ce palais divin
Où rayonne un jour pur sans aurore et sans fin?

IDAMORE.

Non; mais je t'y suivrai. Quel forfait m'en exile?
Le sein de l'Éternel est aussi notre asile.
Va, ces mortels si fiers, qui nous ont rejetés,
De ce bonheur en vain nous croient déshérités.
Nous sommes ses enfans. Comme sur leur visage
N'a-t-il pas sur le nôtre imprimé son image?
De nos jours et des leurs, qu'il pèse également,
Au même feu céleste il puisa l'aliment.
Nos sens formés par lui, nos traits, tout est semblable.
Ont-ils un œil plus sûr, un bras plus redoutable?
Dieu dans leur voix plus mâle a-t-il mis d'autres sons?
Le soleil, pour eux seuls prodigue de moissons,
N'échauffe-t-il pour nous que poisons homicides?
Les fruits se sèchent-ils sur nos lèvres avides?
Les flots, dont notre soif implore les secours,
Pour tromper ses ardeurs détournent-ils leur cours?
Ces mortels, comme nous, sont condamnés aux larmes,
Soumis aux mêmes maux, blessés des mêmes armes;

Les mêmes passions nous brûlent de leurs feux ;
Ils souffrent comme nous et nous aimons comme eux...
Ah ! cent fois davantage... Et Dieu, lui, notre père,
N'eût fait de tant d'amour qu'un jeu de sa colère !
L'homme a seul méconnu ce doux instinct des cœurs ;
Des frères, qu'il proscrit, il sépare les sœurs.
La mort rassemblera cette famille immense ;
Dieu nous appelle tous : le Brame qui l'encense,
Et l'enfant du désert repoussé des autels,
Reposeront unis dans ses bras paternels.

NÉALA.

Je goûte à t'écouter un charme trop funeste ;
D'un courroux qui s'éteint ne m'ôte pas le reste.
Ah ! fuis, séparons-nous !

IDAMORE.

Tu l'ordonnes, je pars ;
Mais vers moi pour adieu tourne au moins tes regards.
Ne me refuse pas...

NÉALA, se retournant vers lui.

Idamore !

IDAMORE, se rapprochant d'elle par degrés.

Ma vue
N'a pas troublé tes sens d'une horreur imprévue.
Non. Qu'avais-tu pensé ? que tu reconnaîtrais
Le sceau de la vengeance empreint sur tous mes traits ?

Se sont-ils revêtus d'une forme nouvelle?
Crois-tu qu'un feu sinistre en mes yeux étincelle?...
Ils brillent, Néala, de tendresse et d'espoir.
Laisse-les s'enivrer du plaisir de te voir.
Ne tremble pas ainsi; que mon bras te soutienne;
Que je sente ta main tressaillir dans la mienne...
Eh bien! le Tout-Puissant, de mon bonheur jaloux,
Pour désunir nos mains descend-il entre nous?
Sa fureur sous tes pieds n'ébranle pas la terre;
Il ne t'accuse pas par la voix du tonnerre.
Il pardonne; il sourit à d'innocens transports;
Pardonne à son exemple, étouffe un vain remords,
Consens à notre hymen...

####### NÉALA.

Je ne puis, je frissonne.
Qu'un moment à moi-même en paix je m'abandonne.
Tant de coups différens m'ont frappée aujourd'hui!
J'ai peine à rappeler ma raison qui m'a fui.
L'heure approche où mes sœurs couvrent l'autel d'offrandes;
Elles vont m'entourer... que je crains leurs demandes!
Comment à leurs regards déguiser mon effroi?
Où me cacher?... je veux... de grace, épargnez-moi!

####### IDAMORE.

Ah! d'un doute accablant qu'un seul mot me délivre:
Dois-je fuir ou rester? dois-je mourir ou vivre?

ACTE II, SCÈNE V.

NÉALA.

Reste pour mon malheur...

IDAMORE.

Arbitre de mes jours,
Va, décide à ton gré du sort de nos amours.
Tout est douleur pour moi, tout, jusqu'à l'espérance ;
Qu'il soit prompt cet arrêt que ma terreur devance :
Dût-il me condamner, j'aspire à le savoir.
Il finira mes maux ; réduit au désespoir,
Un cœur tel que le mien n'est pas long-temps à plaindre,
Et préfère un refus au tourment de le craindre.

(Idamore sort d'un côté, Néala de l'autre ; les prêtresses entrent par le fond.)

SCÈNE VI.

CHOEUR.

PRÊTRESSES.

UNE D'ELLES.

Néala.

UNE AUTRE.

Néala.

LA PREMIÈRE.

Pourquoi fuir loin de nous?
Mais c'est en vain que je l'appelle.

LA SECONDE.

Aurions-nous donc, mes sœurs, allumé son courroux?

UNE AUTRE.

Quel trouble s'est emparé d'elle?

UNE AUTRE.

Absente, quand le fleuve a reçu nos présens,
Elle n'a point offert les vœux que notre zèle
Adresse chaque jour à ses flots bienfaisans;
Quel trouble s'est emparé d'elle!

ACTE II, SCÈNE VI.

CHOEUR.

Confiante amitié, que ton charme vainqueur
  Prête une voix à ses peines secrètes,
  Et que la paix qui règne en ces retraites,
Confiante amitié, rentre enfin dans son cœur.

UNE PRÊTRESSE.

Reprenons nos travaux, et, durant son absence,
  Puissent-ils charmer notre ennui!
Contre l'effort des vents ces myrtes sans appui
  Accusent notre indifférence.
Des banians touffus, par le Brame adorés,
  Depuis long-temps la langueur nous implore.
Courbés par le midi, dont l'ardeur les dévore,
Ils étendent vers nous leurs rameaux altérés.

UNE AUTRE.

Invoquons la faveur de ces puissans génies
A qui des bois sacrés les nymphes sont unies [1].

LA PREMIÈRE.

Esprits aériens de la terre et des eaux,
  Dont les soupirs parfument ces berceaux,
  Qui murmurez dans le creux des ruisseaux,
Et que le vent du soir apporte sur ses ailes!

LA SECONDE.

  Demi-dieux, dont les mains fidèles
Allument de la nuit les innombrables feux,
Épanchent la rosée, ouvrent les fleurs nouvelles,

---

1. Forster.

Et des insectes amoureux
Suspendent aux gazons les vives étincelles!...

CHŒUR.

Descendez du haut des airs;
Quittez le cristal humide
De vos ruisseaux toujours clairs;
A des soins qui vous sont chers
Que votre faveur préside;
Descendez d'un vol rapide,
Légers habitans des airs.

UNE PRÊTRESSE.

Venez : la nymphe invisible
Qui, dans sa prison flexible,
Reçoit vos embrassemens,
Sous l'écorce qui la presse
Répond à votre tendresse
Par de doux frémissemens.

UNE AUTRE.

Venez rafraîchir les roses
Qui, sous votre haleine écloses,
Couronnent nos bords heureux;
Que le parfum, qui s'exhale
De ces trésors du Bengale,
Vers vous monte avec nos vœux.

CHŒUR.

Quittez le cristal humide
De vos ruisseaux toujours clairs;
Qu'en ces lieux l'amour vous guide,
A des soins qui vous sont chers
Que votre faveur préside;

ACTE II, SCÈNE VI.

Descendez d'un vol rapide,
Légers habitans des airs.

UNE PRÊTRESSE.

Quel noir penser vous inquiète?
Ma sœur, ce vase échappe à vos bras languissans...

UNE AUTRE.

Au bruit de nos concerts votre bouche muette
S'efforce, mais en vain, d'y mêler ses accens.

UNE AUTRE.

Je songe à Néala; d'une pitié nouvelle
Son souvenir vient attrister mes sens.
Quel trouble s'est emparé d'elle?

CHOEUR.

Confiante amitié, que ton charme vainqueur
Prête une voix à ses peines secrètes,
Et que la paix qui règne en ces retraites,
Confiante amitié, rentre enfin dans son cœur.

UNE PRÊTRESSE.

Quand un lis virginal penche et se décolore,
Par un ciel brûlant desséché,
Sous l'urne qui l'arrose il peut renaître encore;
Mais quand un ver rongeur dans son sein est caché,
Quel remède essayer contre un mal qu'on ignore?

CHOEUR.

Confiante amitié, que ton charme vainqueur
Prête une voix à ses peines secrètes,
Et que la paix qui règne en ces retraites,
Confiante amitié, rentre enfin dans son cœur.

UNE PRÊTRESSE.

Mais que vois-je? Mirza, par sa tendre éloquence,
　　Zaïde, par ses soins touchans,
Sans doute ont de ses maux calmé la violence.
　　Chères sœurs, suspendons nos chants :
Respectons ses chagrins ; elle approche, silence !

CHŒUR.

Chères sœurs, suspendons nos chants :
Respectons ses chagrins; elle approche, silence !

FIN DU DEUXIÈME ACTE.

ACTE TROISIÈME.

SCÈNE I.

NÉALA, ZAÏDE, MIRZA; LE CHOEUR.

NÉALA, aux prêtresses.

Zaïde, et toi, Mirza, vous qu'un vœu solennel
Réunit dès l'enfance autour du même autel,
Long-temps par les plaisirs permis dans ces demeures
Notre tendre amitié remplit le cours des heures;
Ces arbres l'ont vu naître, et, témoin de nos jeux,
En croissant chaque jour l'ont vu croître avec eux.
La fête qu'on prépare en va rompre les charmes,
Et vous vous étonnez de voir couler mes larmes!

ZAÏDE.

Aimable et cher objet de nos soins assidus,
Tes soupirs sont compris et te sont bien rendus;
Et si ce prompt départ te semble un coup si rude,
Que de fois, en songeant à notre solitude,
Que de fois de nos mains les festons et les fleurs,

Préparés pour ton front, tombent mouillés de pleurs!

MIRZA.

Notre jeune compagne à nous quitter s'apprête;
Mais l'avenir pour elle est un long jour de fête...
L'hymen n'a point de gloire ou de rians appas
Dont il ne prenne soin d'environner ses pas.
On l'aime, elle est heureuse, est-ce à nous de nous plaindre?

NÉALA.

Hélas!

MIRZA.

  Pourquoi gémir?

ZAÏDE.

    Ne cherche pas à feindre;
Tu le voudrais en vain.

MIRZA.

    Parle, un songe imposteur
Des troubles de ton ame est peut-être l'auteur.

NÉALA.

Celui par qui du ciel la volonté s'explique,
Mon père, en eût levé le voile prophétique.

ZAÏDE.

Entends-tu quelque dieu, que le fer a touché,
Se plaindre sous l'écorce où Brama l'a caché?
Quel bruit te fait pâlir? Quelle voix inconnue
Perce les marbres saints ou déchire la nue?

ACTE III, SCÈNE I.

Aurait-on profané cet asile de paix?

NÉALA, vivement.

Non, ne le croyez pas; eh! comment? non, jamais!
Qui l'eût osé?

MIRZA.

Serait-ce une secrète haine,
Qui de ton jeune époux te fait craindre la chaîne?

NÉALA.

Ah! je ne le hais pas! je m'engage aujourd'hui
A vivre, et, s'il le faut, à souffrir avec lui.
Que ses maux soient les miens, et que l'hymen nous lie
Pour toujours, pour le temps et l'éternelle vie.

ZAÏDE.

Cesse donc, Néala, de voir avec effroi
L'existence nouvelle ouverte devant toi.
Va, nos divinités te défendront sans cesse:
Elles n'oublîront pas que tu fus leur prêtresse,
Qu'à tes devoirs par toi nuls objets préférés
N'ont distrait tes esprits sous ces bosquets sacrés;
Qu'on n'eût pas vu ta bouche approcher d'une eau pure,
Sans que ta piété rafraîchît leur verdure,
Et que ta main jamais, dans son respect pour eux,
Ne leur fit un larcin pour parer tes cheveux.
Ce monde séduisant, qui cause tes alarmes,
Sans danger pour ton cœur, aura pour lui des charmes.

Quel bien à ses plaisirs se pourrait comparer,
Puisqu'à la vertu même on peut les préférer ?

NÉALA.

Ils ne me rendront pas nos tranquilles études,
Nos secrets entretiens, nos douces habitudes.
Je vous quitte à regret, les dieux m'en sont témoins ;
Puissent-ils vous bénir ! Je confie à vos soins
Les plantes que par choix cultivait ma tendresse,
Les rameaux que mes dons courbaient sous leur richesse,
Les oiseaux familiers qui, nourris dans ces bois,
Descendaient sur ma trace et venaient à ma voix.
Qu'au lever du soleil ma gazelle chérie
Trouve sur vos genoux l'onde et l'herbe fleurie ;
En souvenir de moi protégez-la toujours ;
Mêlez, en lui parlant, mon nom à vos discours.
De ma longue amitié gardez chacune un gage.

(à une prêtresse.)

Toi, ces voiles brillans dont tu vantais l'ouvrage,
Mirza, les ornemens que mes bras ont porté...
Mais Zaïde, mes sœurs, n'est plus à mes côtés.
D'où vient que ses regards sont troublés par la crainte ?

ZAÏDE.

Voyez, un étranger pénètre en cette enceinte.

NÉALA.

Ce guerrier, dont la bouche honore un autre dieu,

Le devance, lui parle et lui montre ce lieu;
Il le quitte.

MIRZA.

Vers nous ce voyageur se traîne
Sous d'obscurs vêtemens qui le couvrent à peine;
Il vient, un frêle appui guide ses pas pesans;
Sa barbe et ses cheveux sont blanchis par les ans.
Mes sœurs, rentrons au temple.

NÉALA.

Eh! pourquoi? quelle offense
Craignez-vous d'un vieillard sans force et sans défense?
Osons le secourir; ses vœux reconnaissans
Seront pour le Très-Haut plus doux que notre encens.

SCÈNE II.

NÉALA, ZAIDE, MIRZA, ZARÈS, le chœur.

ZARÈS. Il est appuyé sur un bâton.

Prêtresses des forêts, j'ignore vos usages :
Puis-je au pied de vos murs m'asseoir sous vos ombrages?
D'un moment de repos ma faiblesse a besoin.

NÉALA.

Vieillard, vous le pouvez.

ZARÈS.

J'arrive de si loin !

NÉALA, s'approchant pour le soutenir.

Tout en vous nous révèle un pieux solitaire.

ZARÈS.

Moi !

NÉALA.

Qui donc êtes-vous?

ZARÈS.

Étranger sur la terre.

(aux prêtresses qui l'entourent.)

Je ne mérite pas ces secours empressés.

NÉALA.

Vous êtes malheureux?

ZARÈS.

Je le suis.

NÉALA.

C'est assez,

(Il s'assied sur le banc de gazon.)

Je dois vous les offrir. Pourquoi, courbé par l'âge,
Entreprendre sans guide un pénible voyage?

ZARÈS.

Je n'ai pas un ami.

NÉALA.

De l'hospitalité

ACTE III, SCÈNE II.

Nul n'a rempli pour vous le devoir respecté!
Qui vous nourrit?

ZARÈS.

Les dons du passant que j'implore,
Pauvre, demandant peu, recevant moins encore,
Satisfait cependant.

NÉALA.

O dieux, que je vous plains!
Vous venez visiter les tombeaux de nos saints,
Consulter le grand-prêtre, ou bien votre vieillesse
D'un long pèlerinage accomplit la promesse?

ZARÈS.

Non.

NÉALA.

Que cherchez-vous donc?

ZARÈS.

Un bien que j'ai perdu.

NÉALA.

S'il dépend d'un mortel, il vous sera rendu.
Faut-il armer pour vous l'autorité suprême?
Mon père est tout-puissant.

ZARÈS.

Vous l'aimez, il vous aime...
Ne le quittez jamais!

NÉALA.

D'où vient que vous pleurez?

ZARÈS.

Hélas! c'est malgré moi.

NÉALA.

Mais, si vous l'implorez,
Akébar va d'un mot finir votre misère.

ZARÈS.

Un seul homme le peut : il le voudra, j'espère...
Le chef de vos guerriers.

NÉALA.

Idamore?

ZARÈS.

C'est lui.

NÉALA.

Vieillard, pour le fléchir empruntez mon appui.

ZARÈS. Il se lève.

Il est connu de vous?

NÉALA.

Aujourd'hui l'hyménée
Pour jamais à la mienne unit sa destinée.

ZARÈS.

Je n'ai plus qu'à mourir.

NÉALA.

Vous vivrez, s'il m'entend.

Soulagez vos douleurs en me les racontant.
ZARÈS.
Non, non, dans son cœur seul mon secret doit descendre;
J'expire d'un chagrin que lui seul peut comprendre.
NÉALA.
Il vient.
ZARÈS.
Mon sang se glace, et, prêt à lui parler,
Je sens ma voix s'éteindre et mes genoux trembler.
Je ne me soutiens plus.

(Il retombe assis.)

SCÈNE III.

ZARÈS, que les prêtresses environnent; NÉALA, au milieu de la scène; IDAMORE, conduit par ALVAR, au fond.

ALVAR, à Idamore.
Aux portes de la ville,
Sur une pierre assis, il pleurait immobile.
Je m'approche, à ses pleurs je me laisse attendrir :
« Idamore est le seul qui les puisse tarir. »
Il dit. Je cours au temple, où ma voix importune
Trouble de ce récit votre heureuse fortune;
Mais j'ai fait le devoir d'un ami, d'un chrétien;

Et c'est à l'homme heureux que la pitié sied bien.
Consolez ce vieillard.

NÉALA, s'approchant d'Idamore.

Ah! si je vous suis chère,
Daignez en sa faveur accueillir ma prière.

IDAMORE.

Eh quoi! près d'Akébar au temple rappelé,
Quand j'apprends que par vous mon espoir est comblé,
Quand cet aveu m'arrache aux horreurs de l'attente,
Celle à qui je dois tout me parle en suppliante!
Ah! venez...

NÉALA.

Il ne veut pour confident que vous.
Adieu. Rentrons, mes sœurs.

IDAMORE.

Cher Alvar, laisse-nous.

SCÈNE IV.

ZARÈS, assis; IDAMORE.

IDAMORE.

Étranger, quel revers faut-il que je répare?
Puis-je vous rendre un bien dont le sort vous sépare?
Répondez.

ACTE III, SCÈNE IV.

ZARÈS.

C'est lui-même! il m'a parlé! j'entends
Cette voix, dont les sons m'avaient fui si long-temps!

IDAMORE.

Dans mon cœur attendri quel souvenir s'éveille?
Où suis-je? et quels accens ont frappé mon oreille?
Je les connais... Que vois-je?

ZARÈS.

Un vieillard insensé,
Qui poursuit un ingrat dont il fut délaissé,
Qui voulait de rigueur armer son front sévère,
Et sent frémir pour toi ses entrailles de père.

IDAMORE.

Dieux! vous m'ouvrez vos bras!

ZARÈS.

La nature a ses droits,
Plus forts que ma raison. Viens, viens, je te revois!
J'ai pardonné!

IDAMORE.

Mon père!

ZARÈS.

O moment plein de charmes!
Idamore, ô mon fils! ô jour! ô douces larmes!
Tu m'aimais, je le sens; pourquoi m'as-tu quitté?
Quel horrible abandon! et je l'ai supporté!

Je résiste à l'ivresse où mon ame se noie !
On ne peut donc mourir de douleur ni de joie !

IDAMORE.

Quoi ! vous me pardonnez ?

ZARÈS. Il se lève et regarde son fils.

Heureux progrès des ans !
Que son port est plus fier, ses traits plus imposans !
Que son aspect m'enchante !

IDAMORE.

O ciel ! par quel ravage
Les ans sur son front pâle ont marqué leur passage !

ZARÈS.

Ce ne sont pas les ans, mon fils, mais les chagrins.
Vos jours dans les cités ne sont pas tous sereins ;
Et pourtant quel mortel, maudit des destinées,
Vit en plus sombres nuits s'y changer ses journées ?
Fut-il pour l'œil d'un père un plus affreux réveil ?
Malheureux, j'ai vu naître et pâlir le soleil,
Sans que ses premiers feux ni sa clarté mourante
De mes sens éperdus aient calmé l'épouvante.
Je marchais, je courais, je criais : O mon fils !
Mon fils !... L'écho lui seul répondait à mes cris.
Je rentrai vers le soir, me disant sur ma route :
Près du toit paternel mon fils m'attend sans doute.
Personne sur le seuil, nul vestige, aucun bruit ;

ACTE III, SCÈNE IV.

Je m'y retrouvai seul, et seul avec la nuit.
Que son astre à regret sembla mesurer l'heure !
Combien ma solitude agrandit ma demeure !
Mes yeux, de pleurs noyés, s'attachaient sans espoir
Sur cette place vide, où tu devais t'asseoir.
J'accusai de ta mort le tigre, le reptile,
Nos rochers, dont les flancs te devaient un asile ;
Ces arbres du vallon, mes hôtes, mes amis,
Muets témoins du crime et qui l'avaient permis,
Tout, l'univers entier, les hommes, et moi-même,
Avant de t'accuser, ô toi, mon bien suprême,
Toi l'unique soutien d'un père vieillissant,
Toi que j'avais nourri, toi mon fils, toi mon sang !
Confondant jusqu'aux dieux, dans ma haine implacable,
Je n'excusai que toi, toi seul étais coupable !

IDAMORE.

O crime ! à quels tourmens je vous ai condamné !

ZARÈS.

Ce n'était rien encor, mais je te soupçonnai ;
Sur mes lèvres soudain mes plaintes expirèrent,
Un frisson me saisit, mes larmes s'arrêtèrent ;
Je crus mourir. Alors la triste vérité
Jusqu'au fond de mon ame entra de tout côté.
Dans toute sa grandeur j'embrassai ma misère :
Injustement flétri dans les flancs de ma mère,

En horreur aux humains que j'aimais malgré moi,
Cet amour dédaigné je le versai sur toi...
Et tu m'abandonnais! Dans un transport de rage,
Quoi! m'écriai-je enfin, voilà donc ton ouvrage;
Brama, tu l'as voulu. Non, tu n'existes pas;
Je ne crois plus aux dieux, je crois aux fils ingrats;
Je crois à mon malheur! Mais hélas! quel supplice
De nier dans son cœur l'éternelle justice,
De vieillir sans espoir de revoir ses aïeux,
Seul au monde, étranger entre l'homme et les cieux,
Trop plein d'un sentiment que nul ne veut vous rendre,
Et qui même en un dieu n'a plus où se répandre.
Tel fut mon sort. Trois ans j'en supportai l'horreur.
J'avais de ton retour nourri la folle erreur :
Tu ne revenais pas; las d'espérances vaines,
Je tentai du désert les routes incertaines,
J'offris ma tête nue à l'ardeur des étés;
Je poursuivis la mort jusqu'au sein des cités.
Plaint, sans être connu, j'y dus à la nuit sombre
Quelques habits grossiers que j'implorais dans l'ombre.
Caché sous ces lambeaux, j'errais sur les chemins.
Pour la première fois j'abordai les humains;
Ton nom, qu'ils publiaient, me découvrit tes traces;
Je me hâte, j'accours, je te vois, tu m'embrasses,
Et c'est lorsqu'aux autels tu vas par tes sermens

ACTE III, SCÈNE IV.

Me priver pour toujours de tes embrassemens !

IDAMORE.

Ciel ! que vous a-t-on dit ?

ZARÈS.

Prouve-moi qu'on m'abuse ;
Je te croirai : partons.

IDAMORE.

Eh ! le puis-je ?

ZARÈS.

Il refuse !

IDAMORE.

Dans quels lieux cherchez-vous cette tranquillité,
Ce bonheur mutuel qu'en fuyant j'emportai !
Là, chaque monument de ma première enfance,
Me reprochant ma faute, aigrit votre souffrance.
Là, tout parle à vos yeux de malheurs trop connus...

ZARÈS.

On se plaît au récit des maux qu'on ne sent plus.
Allons.

IDAMORE.

Ah ! laissez-moi, combattant votre envie,
A leur charme funeste arracher votre vie ;
Avec elle au désert loin de m'ensevelir,
Au fond de mon palais laissez-moi l'embellir,
Entourer son déclin de plaisirs dont l'ivresse

Écarte les langueurs où s'éteint la vieillesse,
Rassembler sur vos pas tous les tributs des arts;
Que leur faste opulent éclate à vos regards.
Partagez mes honneurs, jouissez de ma gloire.

ZARÈS.

Après l'avoir perdue, ôte-moi la mémoire,
S'il faut que je préfère à mes plaisirs passés
Tes faux biens sans attrait pour mes sens émoussés :
Que m'importent des arts dont j'ignore l'usage!
Tout leur faste vaut-il ma liberté sauvage?
Par quels spectacles vains crois-tu tenter mes yeux?
Quels trésors me plairaient? quels honneurs glorieux?
Mes spectacles à moi sont un ciel sans nuages,
L'immensité des mers, les astres, les orages,
L'aurore, dont l'éclat va renaître pour moi,
Si je puis sur nos monts l'admirer avec toi;
Mes honneurs sont tes soins; mon unique richesse,
C'est toi, c'est le bonheur de te parler sans cesse,
De reposer ma tête en te voyant le soir,
Et de la relever, mon fils, pour te revoir.
Que m'offres-tu? des jours passés dans la contrainte,
A gémir, à t'attendre, à te voir avec crainte,
Quand la gloire ou l'amour voudront bien par pitié
Te céder pour une heure à ma triste amitié.
Je t'aime avec excès, sois à moi sans partage.

ACTE III, SCÈNE IV.

Ne crois pas que ce cœur, que ta froideur outrage,
Ce cœur, qui brûle encor, se donne tout entier
Pour ces restes du tien dont tu le veux payer.
Non, c'est trop me céler le lien qui t'arrête;
Un noble hymen t'appelle et la pompe en est prête.
Je sais tout par l'objet de tes feux insensés...

IDAMORE.

Vous voulez que je parte et vous la connaissez?
C'est peu de tant d'attraits dont l'heureux assemblage
Sans doute a dès l'abord emporté votre hommage;
Sa bonté, pardonnez si j'en appelle à vous,
Prête une grace auguste à des charmes si doux.
Je l'adore, elle m'aime... Ah! tendresse intrépide!
Elle m'aime, et mon sort n'a rien qui l'intimide.
Orgueil du sang, devoir, elle a tout oublié;
A l'exil qui m'attend son destin s'est lié;
Et je n'acceptais donc ce touchant sacrifice
Que pour lui préparer un éternel supplice!
Dois-je l'abandonner, ou le soin de ses droits
Doit-il se révolter contre vos justes lois?
Quoi que mon choix décide, il fait une victime,
Et mon honneur flottant, que presse un double crime,
Ne peut par un refus payer votre pardon,
Ni trahir son amour par ce lâche abandon.

LE PARIA.

ZARÈS.

C'est tenir trop long-temps votre choix en balance.
Je me rends importun par tant de violence.
Je pars, mais satisfait, car je puis vous haïr...
Une seconde fois courez donc me trahir;
Rejoignez la beauté qui m'a ravi votre ame;
Votre heureux père attend, allez, il vous réclame.
Moi, qui n'ai plus de titre et respecte les leurs,
J'irai jusqu'où mes pas porteront mes douleurs...

(reprenant son bâton de voyage.)

Seul et fidèle appui qui reste à ton vieux maître,
Viens, sois mon guide au moins puisqu'il ne veut pas l'être.
O forêts d'Orixa, bords sacrés, doux sommets,
Humble toit, qu'il jura de ne quitter jamais,
Mer prochaine, où mes bras instruisaient son courage
A se jouer des flots brisés sur ton rivage;
Me voici, recevez un père infortuné;
Je reviens mourir seul aux champs où je suis né.
Celui qui me doit tout repousse ma prière;
Ses mains ont refusé de fermer ma paupière;

(Il dit ces derniers vers en marchant.)

Je n'attends plus de lui pitié ni repentir;
Je le fuis, je le hais... Tu me laisses partir,
Idamore?

ACTE III, SCÈNE IV.

IDAMORE.

Arrêtez.

ZARÈS.

Tu me retiens! tu pleures!
Ah! le remords te parle. A regret tu demeures :
Tu me suivras. Pour vaincre il suffit d'un effort;
Prends courage à ma voix, achève, plains mon sort;
Songe à mon désespoir; regarde-moi : mes larmes,
Pour dompter ton amour, te donneront des armes.
Rends-moi ton cœur, mes droits, mes plaisirs, mon pays;
Rends-moi, rends-moi mes dieux en me rendant mon fils.
Cède, obéis, partons; ah! partons!...

IDAMORE.

Eh! mon père,
Puis-je en l'abandonnant emporter sa colère?
Souffrez que je la voie une heure, un seul moment,
Et je vous jure...

ZARÈS.

Eh bien!

IDAMORE.

Oui, j'en fais le serment...
Je vous suivrai.

ZARÈS, *en l'embrassant.*

Mon fils!

IDAMORE.

Ah! calmez-vous! je tremble:
Si des yeux ennemis nous surprenaient ensemble,
Le trouble où je vous vois, les pleurs que nous versons
Iraient bientôt du Brame éveiller les soupçons.

ZARÈS.

A ce pressant danger ces bois vont me soustraire :
Ils n'auront point, mon fils, de lieu trop solitaire,
De détour trop caché dans leur sombre épaisseur,
Pour protéger des jours dont je sens la douceur.
Dans tes embrassemens j'ai perdu mon audace;
Un regard, un vain signe, un bruit léger me glace;
Je crains tout désormais... je suis heureux!

(Il l'embrasse et sort.)

SCÈNE V.

IDAMORE.

Il fuit!
Où suis-je? qu'ai-je fait? quel espoir le séduit?
Comment m'a-t-il surpris ce serment que j'abjure?...
Mais je suis parricide aussitôt que parjure.
Quoi! n'accorder qu'une heure à mon cœur combattu!
N'importe, il faut la voir; eh! que lui diras-tu?

Plus d'hymen, je vous fuis, loin de vous on m'entraîne,
Adieu !... Non, je n'ai point cette force inhumaine,
Non, je cours de Zarès embrasser les genoux...
Alvar, que me veux-tu?

SCÈNE VI.

IDAMORE, ALVAR.

ALVAR.
Venez, illustre époux.
Instruit d'une amitié que vos bienfaits publient,
Akébar rend hommage aux chaînes qui nous lient :
Avant les doux momens par son choix destinés
A consacrer ici des nœuds plus fortunés,
Il s'est remis sur moi du soin de vous apprendre
Qu'au peuple impatient il veut montrer son gendre.
Les chemins parfumés de lauriers sont couverts;
L'encens fume; le ciel retentit de concerts;
Sur les trépieds ardens l'huile à grands flots ruisselle,
Les rameaux dans les mains, le peuple vous appelle ;
De nos rites chrétiens l'imposant appareil
Seul étale aux regards un spectacle pareil...
Mais quel remords secret contre vos vœux conspire?

IDAMORE, à part.

Je la perds si je fuis, si je reste il expire.

ALVAR.

Néala vous attend.

IDAMORE.

Allons, je suis tes pas.

ALVAR.

Venez.

IDAMORE.

Non, cet hymen ne s'achèvera pas.
Que dis-je? il doit combler ou finir mon supplice;
Et, quel qu'en soit le sort, il faut qu'il s'accomplisse.
Néala par mes pleurs se laissera toucher;
Son époux à ses pas la verra s'attacher.
Obscur ou fastueux, qu'importe notre asile?
Ah! le premier des biens est un amour tranquille :
C'est là de tous nos vœux l'unique et digne objet;
Le reste, Néala, ne vaut pas un regret.
Ami...

ALVAR.

Qu'exigez-vous?

IDAMORE.

Ce vieillard, il me quitte.
J'ignore où le conduit le trouble qui l'agite.
Peut-être de tes soins j'emprunte un vain secours;

Mais, si je tarde, il meurt. Tu l'atteindras, va, cours,
Il m'est si cher! Dis-lui que son fils... qu'Idamore...
Que d'un devoir sacré la loi m'arrête encore;
Qu'il attende la nuit, qu'à ses pieds je reviens.
Ah! cours, vole; il y va de ses jours et des miens.

SCÈNE VII.

CHOEUR.

BRAMES, GUERRIERS, PRÊTRESSES.

PREMIER BRAME.

Vous, brûlez des parfums : vous, posez sur la terre
L'autel où de l'hymen vont briller les flambeaux.

UN GUERRIER.

Que ces armes, soldats, s'élevant en faisceaux,
Entourent les époux d'un appareil de guerre.

UNE PRÊTRESSE, à ses compagnes.

Approchez sans terreur des lances et des dards;
Cachez sous vos fraîches guirlandes
Le fer sanglant des étendards.

SECOND BRAME.

Du peuple à ces rameaux suspendez les offrandes.

PREMIER BRAME.

Jusqu'en ses profondeurs le Gange s'est troublé;

Son prophète à ce bruit, tremblant, échevelé,
S'est prosterné sur le rivage ;
Du sein des flots émus son oracle a parlé,
Et la beauté va s'unir au courage.

TOUT LE CHOEUR.

Souris, dieu de la volupté !
Dieu des chastes amours, entends notre prière !
Que soit béni par vous, qu'à jamais soit chanté
L'hymen dont la solennité
Unit la tribu sainte à la tribu guerrière.

LES PRÊTRESSES.

A la beauté rendons honneur !

LES GUERRIERS.

Honneur au fils de la victoire !

LES PRÊTRESSES.

Elle a mérité cette gloire.

LES GUERRIERS.

Il est digne de son bonheur.

UNE PRÊTRESSE.

De ses jeunes appas tout ressent la puissance.

UN GUERRIER.

Tout fuit devant ses traits dont les coups sont mortels.

LA PRÊTRESSE.

L'amour naît sur ses pas.

LE GUERRIER.

La terreur le devance.

LA PRÊTRESSE.

Elle chante les dieux.

ACTE III, SCÈNE VII.

LE GUERRIER.

Il défend leurs autels.

LA PRÊTRESSE.

Les pleurs de la pitié l'embellissent encore :
Espoir des affligés, sa vue est pour leurs yeux,
  Comme au désert un fruit délicieux
Pour la soif d'un mourant que la chaleur dévore.

LE GUERRIER.

Aux yeux des oppresseurs il parut dans nos rangs,
  Semblable à ces astres errans
Qui, traînant après soi des flammes prophétiques,
Prédisent au milieu des tempêtes publiques,
La chute de l'orgueil et la mort des tyrans.

CHOEUR.

Honneur au fils de la victoire !
A la beauté rendons honneur !
Elle a mérité cette gloire ;
Il est digne de son bonheur.

UNE PRÊTRESSE.

Néala va quitter ce solitaire asile.

UN GUERRIER.

Quel asile plus sûr que les bras d'un héros ?

LA PRÊTRESSE.

Tous ses jours s'écoulaient dans un si doux repos !

LE GUERRIER.

Que de grandeur succède à ce bonheur tranquille !

LA PRÊTRESSE.

Telle une source pure après de longs détours

Dans des retraites révérées,
Pour des bords p'us fameux, où l'entraine son cours,
Quittant ses premières amours,
Aux flots bruyans d'un fleuve unit ses eaux sacrées.

LE GUERRIER.

Tel un jeune laurier, qui n'a point de rivaux,
Reçoit dans ses rameaux
Une tige modeste, ornement de la terre,
L'embrasse, et relevant son front victorieux,
Qui la garantit du tonnerre,
L'emporte avec lui dans les cieux.

LES PRÊTRESSES.

Ainsi notre compagne abandonne l'asile
Où ses jours s'écoulaient dans un si doux repos.

LES GUERRIERS.

Époux de Neala, c'est ainsi qu'un héros
Fait succéder la gloire à son bonheur tranquille.

TOUT LE CHOEUR.

Souris, dieu de la volupté !
Dieu des chastes amours, entends notre prière !
Que soit béni par vous, qu'à jamais soit chanté
L'hymen dont la solennité
Unit la tribu sainte à la tribu guerrière,
Et le courage à la beauté !

PREMIER BRAME.

Compagnons d'Idamore, allez, troupe fidèle,
Allez, qu'au pied du temple il soit conduit par vous.
Vierges de Bénarès, venez au jeune époux
Présenter l'épouse nouvelle ;

ACTE III, SCÈNE VII.

Vous, dans le sanctuaire attendons à genoux
Que pour suivre ses pas Akébar nous appelle.

LE CHOEUR.

A la beauté rendons honneur !
Honneur au fils de la victoire !
Elle a mérité cette gloire ;
Il est digne de son bonheur.

FIN DU TROISIÈME ACTE.

ACTE QUATRIÈME.

SCÈNE I.

IDAMORE, ALVAR; GUERRIERS, dans le fond.

IDAMORE.
Eh bien! m'accorde-t-il la grace que j'implore?
ALVAR.
J'ai couru du côté que regarde l'aurore;
J'ai repris au couchant les plus étroits sentiers,
Et, suivant dans son cours la source des Palmiers
Jusque sous les rochers où se cache son onde,
J'ai des plus noirs détours percé la nuit profonde.
Mais leur obscurité n'offre de toutes parts
Que des abris trop sûrs qui trompaient mes regards.
Lui-même, que troublait ma recherche inquiète,
Eût craint par un soupir de trahir sa retraite,
Ou d'un soin curieux vers le peuple poussé,
Dans la foule en secret s'était déjà glissé.

IDAMORE.

Il se croira trahi ; son attente déçue
De ces apprêts cruels ne peut prévoir l'issue.
Dieux! s'il allait d'un mot renverser mon dessein,
Aux pointes de leurs dards s'il présentait son sein!

ALVAR.

Ah! gardez qu'on entende, ou que votre visage
N'explique vos discours par son muet langage.

IDAMORE.

Peut-être des soupçons à tort m'ont alarmé ;
Zarès dans son asile est encore enfermé.
Tu l'as dit : il craignait d'affronter ta présence ;
A la voix de son fils il rompra le silence.
Je cours l'instruire, ami...

ALVAR.

Que voulez-vous tenter ?
L'élite des guerriers ne vous doit plus quitter,
Et du titre d'époux le pompeux privilége
De leur foule à vos pas enchaîne le cortége.

IDAMORE.

Gloire importune, Alvar, honneur infortuné,
Qui fait d'un chef du peuple un captif couronné!
Je maudis, mais trop tard, ma noble servitude.
Demeurons... Je succombe à mon inquiétude.
Je hâte de mes vœux et voudrais différer

L'instant que mon amour doit craindre et désirer.
Voilà donc l'union où j'attachais ma vie,
Que mes ardens soupirs ont long-temps poursuivie !
Je courais la former, je me croyais heureux ;
Le plus beau de mes jours en est le plus affreux.

ALVAR.

En vain sur d'autres bords j'ai cru fuir ma sentence,
Entre nous l'Océan mit en vain sa distance ;
Le courroux du Seigneur, pour un temps suspendu,
Jusque sur mon ami s'est enfin répandu.
Malheur à moi !

IDAMORE.

Cruel, votre injustice ajoute
A l'horreur de mon sort le remords qu'il vous coûte.
Laissez-moi des chagrins que j'ai seul mérités.
Combien de droits jaloux, que d'orgueils révoltés
Se vengent tôt ou tard sur celui qui s'élance
Hors du rang où le ciel a caché sa naissance !
Au faîte des grandeurs pour tomber parvenu,
S'il trompe, il doit trembler ; périr, s'il est connu.
Remplissons mon destin. Mais Zarès ! ô justice !
De l'erreur que j'expie il n'était pas complice.
On vient, c'est Néala. Ce bandeau nuptial
N'est-il, pour tant d'attraits, qu'un ornement fatal ?

SCÈNE II.

IDAMORE, NÉALA; ALVAR, guerriers,
PRÊTRESSES, dans le fond.

NÉALA.

Pourquoi me déguiser vos nouvelles alarmes?
Ces hommages publics, ces emblèmes, ces armes,
Des festons suspendus les riantes couleurs,
Importunaient vos yeux où j'ai surpris des pleurs.
Avez-vous des chagrins que vous deviez me taire?
J'en saurai sans effort respecter le mystère;
Quand d'un zèle inquiet je cherche à l'éclaircir,
C'est moins pour les savoir que pour les adoucir.

IDAMORE.

Néala, chère épouse, ô noble et tendre amie,
Contre une horreur pieuse es-tu bien affermie?
Tes crédules esprits détrompés par ma voix,
Cédant au vœu d'un père, ont confirmé son choix;
Mais c'est peu, si troublé d'une frayeur nouvelle,
A l'autel près de moi ton courage chancelle.
Est-il bien sûr de lui?

NÉALA.

Ne vous abusez plus :
Vos discours ont fixé mes vœux irrésolus,
Mais n'ont pu dans mon sein étouffer la croyance
Qu'une longue habitude y nourrit dès l'enfance.
Mon cœur, se détournant d'une fausse clarté,
Connaît, respecte encore et fuit la vérité :
Au penchant qui l'entraîne, esclave, il s'abandonne;
Il n'est pas convaincu, mais il aime, il se donne.
Un Dieu qui vous repousse en vain me tend les bras.
Comment serais-je heureuse où vous ne serez pas?

IDAMORE.

Et sur toi, dès ce jour, si mon exil appelle
Ces malheurs éloignés que l'avenir recèle,
S'il faut dès ce soir même... Hélas! le pourras-tu?
Ne sentiras-tu pas expirer ta vertu
Au seul penser de fuir, et pour ta vie entière,
Les objets et les lieux qui te la rendaient chère?

NÉALA.

Quoi! déjà! Quoi! ce soir nous exiler tous deux!
D'une race en horreur les vêtemens hideux
Succèderont demain à ces habits de fête;
Je n'aurai plus d'asile où reposer ma tête!
Ah! cruel!

IDAMORE.

Il est vrai, désespéré, confus,
J'ai honte de ma rage et j'implore un refus.
O généreux objet de mon idolâtrie,
Tu m'as sacrifié ta céleste patrie :
Je veux te ravir l'autre ! Ah ! tu m'as trop aimé.
Repousse un furieux à ta perte animé.
Puisses-tu le haïr autant qu'il se déteste !
Il en est temps encor : romps cet hymen funeste...

NÉALA.

Quand voulez-vous partir ? Commandez, je vous suis.

IDAMORE.

Je dois te refuser, hélas ! et ne le puis.
Contre ton dévoûment ma gloire en vain s'indigne,
Je sens, quand j'y souscris, que je n'en suis pas digne.
O mon père !

NÉALA.

Et le mien !

IDAMORE.

Les ministres sacrés
Du temple en ce moment descendent les degrés.
Séparons-nous... Alvar, que la cérémonie
Prépare à ma tendresse une lente agonie !
Ah ! veille à mes côtés...

SCÈNE III.

LES PRÉCÉDENS, AKÉBAR, BRAMES portant le feu sacré et les prémices ; deux d'entre eux sont armés de haches.

AKÉBAR, du haut des degrés du temple.

Si quelque audacieux,
Retranché par la loi du commerce des cieux,
Vient chercher leur courroux jusqu'en ce sanctuaire,
Que du profanateur la mort soit le salaire.

(Il descend sur le devant de la scène.)

Flambeaux de nos conseils, prêtres qui m'entendez,
Vous, bras du Dieu vivant, vous qui nous défendez,
Guerriers ; et vous aussi, dont l'active industrie
Fait couler l'abondance au sein de la patrie :
Peuple entier, qui présente à la divinité
Le simulacre humain de sa triple unité ;
Voici l'instant venu qu'une auguste alliance
Doit d'un héros pieux couronner la vaillance.
Brama dans nos périls suscita ce guerrier,
Pour couvrir ses élus comme d'un bouclier :
Contre ce jeune bras, vainqueur par nos prières,

Les chrétiens ont brisé leurs phalanges altières ;
Il les a chassés tous, eux et les ennemis
Que les sables voisins dans nos champs ont vomis.
Qu'il soit récompensé par-delà ses mérites :
Les dieux dans leurs bienfaits gardent-ils des limites ?
Sur les livres de vie il m'a juré sa foi
De prendre mes conseils pour lumière et pour loi.
Peuple, de son serment restez dépositaire.
Mes enfans, approchez : d'un double ministère
Akébar revêtu pour bénir vos destins,
Comme père et pontife étend sur vous ses mains.

(Idamore et Néala sont à genoux, tout le peuple se prosterne.)

CHOEUR.

Puisse-t-il d'Akébar prolonger la carrière
Ce noble hymen, dont la solennité
Unit la tribu sainte à la tribu guerrière,
Et le courage à la beauté !

AKÉBAR.

Astre brillant des jours au penchant de ta course,
Et toi du haut des cieux, d'où s'écoule ta source,
Gange, roi de ces bords, divinités des champs,
Brama, l'espoir du juste et l'effroi des méchans,
Assistez à la fête où ma voix vous convie...

SCÈNE IV.

les précédens, EMPSAEL.

EMPSAEL.

Arrêtez... qu'ai-je vu? la force m'est ravie...

AKÉBAR.

Parlez.

EMPSAEL.

Un Paria s'est glissé parmi nous.

AKÉBAR.

Qu'entends-je?

ALVAR.

Mon ami!

IDAMORE.

Mon père!

NÉALA.

Mon époux!

AKÉBAR.

Quel est-il?

EMPSAEL.

Dans les flots qui baignent cette enceinte
Pour les libations je plongeais l'urne sainte;

Un vieillard se présente, il s'arrête et pâlit,
S'approche, apprend par moi que l'hymen s'accomplit.
Soudain son œil s'égare; il pousse un cri farouche :
Le nom de sa tribu s'échappe de sa bouche.
Il se roule à mes pieds, je recule, en fuyant
Loin du contact impur de son bras suppliant.
Étendu sur la terre, il la trempait de larmes;
Il demandait la mort...

IDAMORE.
Eh bien?

EMPSAEL.
J'étais sans armes,
De liens à ma voix les brames l'ont chargé.
Il résistait en vain. Par vous interrogé,
Qu'il révèle à l'instant quel noir dessein l'amène,
Et qu'au pied de l'autel souillé par son haleine,
Sous la hache des dieux tout son sang répandu
Rende à nos feux sacrés l'éclat qu'ils ont perdu.
Il vient!

IDAMORE.
C'est lui!

NÉALA.
Je tremble.

AKÉBAR.
O fureur criminelle!

SCÈNE V.

LES PRÉCÉDENS, ZARÈS.

ZARÈS.

Où me conduisez-vous ? quelle pitié cruelle
Me refuse la mort que je venais chercher?
Que vois-je? et quel secret voulez-vous m'arracher,
J'ai tout dit : je suis seul ; je n'ai point de complice.
Je suis seul. D'un coupable ordonnez le supplice.

AKÉBAR.

Par un prompt châtiment étouffez donc ses cris;
Au fer qui leur est dû livrez ses jours proscrits.

IDAMORE.

Ah ! barbare !

NÉALA, qui l'arrête.

Idamore !...

ALVAR.

O toi, le digne organe
Du dieu de ces climats, dont ta puissance émane,
L'esprit de vérité, de son sein descendu,
Sur tous tes jugemens fut par lui répandu;
Un meurtre en ternirait le sacré caractère.

Quel que soit ce vieillard, il est homme et ton frère.

AKÉBAR.

Lui!

ALVAR.

Ne l'immole pas dans ce séjour de paix,
Que les plus vils troupeaux n'ensanglantent jamais.
Voudrais-tu te venger? non, j'en crois ta grande ame.
Contre lui par ta voix c'est l'état qui réclame.
Pontife, à ta rigueur je suis loin d'insulter :
La loi fût-elle injuste, il la faut respecter;
Mais songe à ses vieux ans, épargne sa démence;
Ton droit le plus divin n'est-il pas la clémence?

NÉALA, timidement.

Grace!

IDAMORE.

Pardonnez-lui.

AKÉBAR, indigné.

Vous aussi, mes enfans!
Non, frappez, je l'ordonne.

IDAMORE.

Et je vous le défends.

AKÉBAR.

Qu'il meure!

IDAMORE, s'élançant devant Zarès.

Immolez donc le fils avec le père.

ACTE IV, SCÈNE V.

AKÉBAR.

Qu'as-tu dit?

IDAMORE.

Oui, le sang que poursuit ta colère,
C'est le mien, c'est celui que pour toi j'ai versé.
Qu'on l'épargne à sa source, où les ans l'ont glacé.
Le mien vous sauva tous, que ta main le répande;
Il est pour tes autels une plus digne offrande.

NÉALA, à ses compagnes.

Soutenez-moi!

ZARÈS.

J'ai seul mérité le trépas.

IDAMORE.

Ah! mon père!

ZARÈS.

Guerrier, je ne te connais pas.

IDAMORE.

C'est mon père! c'est lui! croyez-en ses alarmes,
La pâleur de son front, ses yeux noyés de larmes,
Ses bras que malgré lui je force à se rouvrir...
Il m'embrasse, frappez, c'est à moi de mourir!

AKÉBAR, aux prêtresses.

Dérobez à leurs yeux cette jeune victime.

(On l'entraine.)

Elle n'a pas nourri d'ardeur illégitime.

Ma fille est innocente; oui, peuple, elle ignorait
Quel effroyable hymen mon erreur consacrait.
Mais toi, d'un noir courroux tout mon cœur se soulève!
Tu n'es donc... se peut-il?... ah! misérable!

IDAMORE.

Achève.

Oui, je suis Paria, je le suis; mais l'état
Ne dut sa liberté qu'à mon noble attentat.
Je descendis des monts; vos tribus dispersées
A l'approche du joug s'étaient déjà baissées.
Je l'écartai moi seul, qui seul restai debout.
La mort entre elle et toi m'a rencontré partout,
Peuple : loin des cités, des enfans et des femmes,
Je détournais le fer, je repoussais les flammes;
Mon front, plus que vous tous des chrétiens redouté,
Leur renvoyait l'effroi qu'ils avaient apporté,
Quand ces brames si fiers, que je courais défendre,
Cachés au fond du temple et courbés sous la cendre,
Implorant un appui qu'ils n'osaient vous offrir,
Priaient, tremblaient pour vous, et vous laissaient périr !

AKÉBAR.

Tu l'entends, et la foudre à tes pieds assoupie
Ne se réveille pas pour dévorer l'impie,
Brama; c'est donc à nous de venger tes affronts;
Ton silence est un ordre, et nous obéirons...

Défenseurs de l'état, loin de moi la pensée.
D'immoler votre chef à ma gloire offensée.
Trop pesant pour moi seul, ce droit de le juger
M'impose un soin cruel que je veux partager.
De vos sages vieillards que le conseil prononce,
Et puisse à l'indulgence incliner leur réponse.
Décidons aujourd'hui si d'éclatans exploits
Placent un révolté hors du pouvoir des lois,
Ou doivent sur sa tête appeler un supplice
Honteux et solennel, fameux par sa justice,
Terrible, et tel enfin qu'il puisse épouvanter
Quiconque a vu la faute et voudrait l'imiter.

ALVAR, aux guerriers.

Vous, dont je l'ai connu l'amour et le modèle,
N'a-t-il plus dans vos rangs un compagnon fidèle?

ZARÈS.

Serez-vous de nos maux d'insensibles témoins?...
Quoi! vous restez muets?

IDAMORE.

     Je n'attendais pas moins.
Mais, tout ingrats qu'ils sont, tourmentés par ma gloire,
Ils en voudraient en vain secouer la mémoire;

(à Zarès.)

Elle pèse sur eux. Ils vous respecteront,
Et pour les contenir mes regards suffiront.

Leur crainte survivra : pour leur amour, qu'importe !
Il est juste qu'il meure où ma puissance est morte.
Sortons.

ALVAR.

Alvar du moins ne vous trahira pas.

SCÈNE VI.

AKÉBAR, GUERRIERS, BRAMES, PEUPLE.

AKÉBAR.

Dans ces bois profanés qu'on retienne leurs pas.
D'un cercle impénétrable entourez ces perfides ;
Qu'ils y restent captifs.

(Une partie des brames et des guerriers suit Idamore.)

Mais de leurs chairs livides
Si les oiseaux du ciel se repaissent demain,
Bramines, levez-vous, et, la flamme à la main,
Renouvelez les airs, consumez le feuillage
Qui les couvre à regret d'un sacrilége ombrage,
Et que tous les chemins, par vous purifiés,
Perdent jusqu'à la trace où s'impriment leurs pieds.
Vous, guerriers, connaissez quel horrible anathème
Doit suivre la révolte et punir le blasphème.

Frémis, chef ou soldat, qui que tu sois, frémis,
Si, l'arrêt prononcé, tu plains nos ennemis :
Je dévoue à l'exil ta tête criminelle;
Va, fuis, l'humanité te rejette loin d'elle.
Fuis, j'attache à tes pas l'abandon et l'effroi;
Le foyer paternel n'a plus de feux pour toi,
L'autel plus de refuge. Abominable, immonde,
Va, sois maudit comme eux, sois errant dans le monde
Jusqu'au jour où de Dieu l'ange exterminateur
T'apportera tremblant devant ton créateur,
Pour tomber, au sortir de ses mains redoutables,
Dans les gouffres ardens qu'il réserve aux coupables.

SCÈNE VII.

CHOEUR.

BRAMES, GUERRIERS, PEUPLE.

PREMIER BRAME.

Peuple, il viendra ce jour d'épouvante profonde,
Où des pâles humains Brama sera connu;
Ce jour des châtimens, ce dernier jour du monde,
    Il vient, pécheurs, il est venu.

CHOEUR DES BRAMES.

    Spectacle affreux, bruit inconnu!
    Les airs sont troublés, le ciel gronde:
    Il vient le dernier jour du monde;
    O Brama, ton jour est venu.

SECOND BRAME.

Des signes destructeurs ont parcouru l'espace;
Un vertige soudain saisit les élémens;
Du monde un voile épais enveloppe la face,
Et le monstre divin [1], sur qui pèse la masse
    De ses antiques fondemens,
Commence à l'agiter par de longs tremblemens.

---

1. L'éléphant qui porte la terre.

LE PEUPLE.

Spectacle affreux! terreur profonde!
Il vient, il vient le dernier jour du monde;
Il vient le jour des châtimens.

UN BRAME.

Le signal est donné : pour ravager la terre,
    De ses extrémités
    Les vents précipités
Mêlent leur voix lugubre aux éclats du tonnerre ;
Déracinent les monts, emportent les cités,
    Et le souffle de leur colère
    Du soleil éteint les clartés.

UN AUTRE.

Dans nos temples en vain vous cachez votre tête.
Des combles ébranlés je vois s'ouvrir le faîte...
Mourez, tout doit mourir, et nos saints monumens
S'abiment avec vous, sans laisser plus de trace
    Qu'un sillon qui s'efface
Sur un sable mobile ou des flots écumans.

LE PEUPLE.

Il vient le jour des châtimens!

PREMIER BRAME.

    Les astres, brisant leurs orbites,
    Se choquent dans l'immensité ;
    La mer, comme un tigre irrité,
    S'élance et franchit ses limites :
Prête à les dévorer, la mer en rugissant
Aux derniers fils de l'homme ouvre une horrible tombe,
Sur ses flots révoltés le ciel en feu descend,
    S'écroule et tombe.

UNE VOIX, parmi le peuple.

J'ai senti vers mon cœur se retirer mon sang.

UNE AUTRE.

Ma raison, qui me fuit, se confond et succombe.

SECOND BRAME.

Toi qui peuplas les airs d'immortels habitans,
Suspendis sous leurs pieds les orbes éclatans,
 Et dont le bras faisait signe à la foudre ;
Pour créer l'univers et le réduire en poudre,
 Que te fallait-il ? deux instans.

TOUT LE CHOEUR.

Le voilà donc ce jour d'épouvante profonde
Par la voûte des cieux l'air n'est plus contenu,
A la terre attaché le feu lutte avec l'onde.
 O Brama, ton jour est venu !

UN BRAME.

 Entendez-vous ces cris funèbres ?
Les démons ont ouvert leurs gouffres embrasés,
Et les morts, arrachés de leurs tombeaux brisés,
 S'interrogent dans les ténèbres.

UNE VOIX, parmi le peuple.

Pontifes du Très-Haut, parlez, quel repentir
 Doit trouver grace pour nos crimes?

UNE AUTRE.

Quels dons exigez-vous?

UNE AUTRE.

 Quel sang ?

UNE AUTRE.

Quelles victimes ?

LA PREMIÈRE.

Éteignez, éteignez la flamme des abîmes !
Qui s'ouvre pour nous engloutir !

CHOEUR DU PEUPLE.

Ministres saints, quel repentir
Doit trouver grace pour nos crimes ?

PREMIER BRAME.

Interrogez ce dieu, si long-temps méconnu :
Terrible, il vient s'asseoir sur les débris du monde :
Vous nous demandez grace, il vient : qu'il vous réponde ;
Il vient, pécheurs, il est venu !

UN AUTRE.

Aux pieds d'un juge inexorable
Tremblez, intrépides guerriers !
Évanouissez-vous, vains titres, vains lauriers,
Gloire impuissante du coupable ;
Devant l'éternité, qui commence pour tous,
Evanouissez-vous,
Immortalité périssable !

UN AUTRE.

Des célestes jardins ils franchiront le seuil [1],
Ceux qui nous secouraient dans notre humble indigence ;
Ceux qui, sans la juger, devant notre vengeance
De leur raison ont abaissé l'orgueil,

---

1. Sonnerat.

Des célestes jardins ils franchiront le seuil.

PREMIER BRAME.

Les concerts des élus publiront leurs louanges :
  Entrez, dira le chœur des anges ;
O vous d'un dieu de paix les enfans bien-aimés ;
Que les flots d'un lait pur, et les vins parfumés,
Que les fruits bienfaisans vous offrent leurs prémices ;
Pour nourrir de vos feux les doux emportemens,
  Que mille objets charmans
A vos sens, inondés d'ineffables délices,
  Offrent d'éternels alimens.

CHOEUR DU PEUPLE.

O purs ravissemens!

SECOND BRAME.

Mais vous que Dieu maudit, vous que l'enfer réclame[1],
Sur des fleuves glacés et des torrens de flamme,
Sur le tranchant du glaive à jamais étendus,
  Pleurez, pleurez, enfans rebelles :
Pareils aux noirs esprits, que l'orgueil a perdus,
  Avec eux pleurez confondus
  Dans des souffrances éternelles.

PREMIÈRE PARTIE DU CHOEUR.

O vengeances cruelles !

SECONDE PARTIE DU CHOEUR.

O purs ravissemens!

---

1. Sonnerat.

ACTE IV, SCÈNE VII.

LE PREMIER CHOEUR.

Les brames à leur voix nous trouveront fidèles.

LE SECOND CHOEUR.

Nous jurons d'accomplir leurs saints commandemens,
Pour goûter dans leurs bras vos douceurs éternelles.

LE PREMIER.

Pour ne pas mériter vos éternels tourmens,
  O vengeances cruelles!

LE SECOND.

O purs ravissemens!

FIN DU QUATRIÈME ACTE.

ACTE CINQUIÈME.

SCÈNE I.

ALVAR.

Ses juges assemblés devant eux l'ont admis ;
Le suivre est un bonheur qu'ils ne m'ont pas permis.
Je m'humilie en vain sous le bras qui m'accable ;
(à une croix suspendue sur sa poitrine.)
Il dédaigne mes pleurs. O toi, signe adorable
D'un mystère sanglant dont j'ai perdu le fruit,
Ranime un faible espoir que chaque instant détruit.
Ce Dieu, quittant le monde, y laissa l'espérance :
Lui-même a tant souffert, il plaindra ma souffrance.
Qu'il ouvre à mes remords son sein long-temps fermé,
Qu'il me rende un ami ; lui-même a tant aimé !
Oui, prends pitié d'un cœur digne d'être fidèle,
Seigneur, s'il connaissait ta parole éternelle,
Et, pour le soutenir contre d'injustes coups,
Relève un frêle appui plié par ton courroux.

Je ne demande pas que des jours plus prospères
Me retrouvent assis sous le toit de mes pères ;
Je rendrai ma dépouille à ces bords étrangers ;
Mais Idamore est seul au milieu des dangers :
Puissé-je l'embrasser avant son sacrifice,
Affermir son courage, et, s'il faut qu'il périsse,
Sans murmure avec lui mourant pour t'apaiser,
Aux cieux dans ta clémence avec lui reposer !...
Entouré de soldats je le vois qui s'avance.
Est-il absous ? grand Dieu !

SCÈNE II.

ALVAR, IDAMORE, GUERRIERS.

IDAMORE, à un d'eux.

Cachez-lui ma sentence :
Pourrait-il de son fils supporter les adieux ?
Que, trompé sur mon sort, on l'amène en ces lieux ;
Akébar l'a permis. Allez, comme à lui-même
Qu'on m'obéisse encore à mon heure suprême.

ALVAR.

Quoi ! n'est-il plus d'espoir ?

ACTE V, SCÈNE II.

IDAMORE.
>Alvar, je vais mourir.

ALVAR.
Tant de bienfaits passés n'ont pu les attendrir?

IDAMORE.
De leurs faibles esprits Akébar seul dispose.
Si le glaive à la main j'avais plaidé ma cause,
On l'eût vû le premier m'absoudre en pâlissant.
Désarmé, que lui dire? Il a soif de mon sang :
Eh bien donc, qu'il s'y plonge.

ALVAR.
>Instruit qu'à vous entendre

Son orgueil en secret avait daigné descendre,
J'ai cru que la pitié ramenait sa faveur
Sur le héros déchu qu'il nomma son sauveur.

IDAMORE.
Il tremblait pour l'honneur de sa noble famille :
D'une flamme coupable on accuse sa fille ;
Lui-même la soupçonne, et n'osant pardonner,
Si j'atteste son crime, il la doit condamner,
Victime du pouvoir qu'un vain peuple lui donne,
Par les devoirs étroits où son rang l'emprisonne.
Il s'est plaint des vieillards, dont l'orgueil irrité
Arrachait ma sentence à sa triste équité;
Mais, sans effet pour moi, sa divine influence

Pouvait d'un bien plus cher acheter mon silence :
La grace de Zarès en devenait le prix.
Pour lui, pour Néala, que n'aurais-je entrepris?
Le conseil m'attendait, j'y cours; mon témoignage
De leurs soupçons loin d'elle a repoussé l'outrage.
Puis de la voix d'un chef qui parle à ses soldats,
Tel, et plus fier encor qu'au milieu des combats,
« Point de grace, ai-je dit, point de pitié : justice !
« J'attends ma récompense ainsi que mon supplice.
« En épargnant mon père, accordez à la fois
« Sa vie à mes bienfaits et ma mort à vos lois. »
Émus par ce discours, surpris, honteux de l'être,
Tous cherchaient leur avis dans les yeux du grand-prêtre;
Lui, pourvu qu'il immole un rival dangereux,
Que font à sa grandeur les jours d'un malheureux?
Aussi s'est-il levé, fidèle à sa promesse ;
D'un père au désespoir excusant la tendresse,
Du pardon de ses dieux il vient de le couvrir.
Pour moi, je te l'ai dit, Alvar, je vais mourir.

ALVAR.

Que deviendra Zarès sans appui sur la terre ?
Quels accens répondront à sa voix solitaire ?
Il n'aura plus de fils.

IDAMORE.

Eh! ne vivras-tu pas ?

ALVAR.

Qui? moi!

IDAMORE.

Ta liberté doit suivre mon trépas :
Eh bien, à ce vieillard mon amitié l'engage;
Des soins que je lui dois accepte l'héritage.

ALVAR.

Oui, je le remplirai ce vœu de l'amitié,
Du poids de ses regrets je prendrai la moitié;
Sa douleur sur mon sein coulera moins amère,
Vous lui laissez un fils : qui me rendra mon frère?

IDAMORE.

Prends soin de fuir les lieux où mes restes épars
Viendraient sur votre route effrayer ses regards.
N'attendez pas la nuit, partez : crains pour toi-même
Le sort contagieux d'un réprouvé qui t'aime :
Il ne pourra demain t'accorder son appui :
Ce jour qui va s'éteindre est le dernier pour lui.
L'arrêt porté par eux et qu'un héraut proclame,
Ordonne que la mort reservée à l'infame,
Au lâche, au meurtrier, qui n'ont point de tombeaux,
De mon corps lapidé disperse les lambeaux.

ALVAR.

Et je vous quitterais, alors que leur vengeance
Rassemble autour de vous l'outrage et la souffrance;

Présente à vos esprits ce trépas douloureux
Comme un affreux chemin à des maux plus affreux !...
J'écarterai de vous ces images funèbres ;
Je fermerai vos yeux ; j'irai dans les ténèbres
Vous creuser un asile, et, trompant leurs mépris,
De ce devoir furtif honorer vos débris.
Qui d'entre eux vous rendrait ce dangereux hommage?
Je l'oserai moi seul...

IDAMORE.

Eh ! qu'importe à ma rage
Que mon corps en pâture aux vautours soit livré,
Ou d'un bûcher pompeux par leurs mains entouré?
Qu'on l'abandonne aux vents, que le vautour dévore
Celui qui les fit vaincre et qui fut Idamore !
Et viennent à ce bruit, du fond de l'Occident,
Ces chrétiens renversés par mon seul ascendant !
J'appelle en ces climats leurs flottes vengeresses :
Ils reviendront, Alvar, ils ont vu nos richesses.
Qu'ils descendent, pareils aux insectes ailés,
Par un souffle brûlant dans les airs rassemblés;
Qu'ils inondent nos bords; qu'ils changent cette terre
En une arène ouverte où renaisse la guerre;
Qu'ils portent dans ses murs l'épouvante et la croix ;
Qu'ils détrônent ses dieux; qu'ils écrasent ses rois;
Que leur foule étrangère et balaie et remplace

Les lâches possesseurs endormis sur sa face ;
Pour adieux, en partant, pour prix de ses trésors,
Lui laissent des débris, de la cendre et des morts ;
Et quelques châtimens que me garde la tombe,
Si ce peuple est puni, s'il pleure, s'il succombe,
J'oublîrai mes revers en apprenant les siens,
Et l'horreur de ses maux finira tous les miens !

ALVAR.

Dans quels vœux vous égare une aveugle furie !
Quels que soient avec nous les torts de la patrie,
Le fils qui la maudit, ce fils dénaturé
Prouve qu'elle était juste, et meurt désespéré.
Mais vous !... Ah ! croyez-moi, quand votre heure est prochaine,
Comme un poids importun déposez votre haine.
Les turbulens transports par la rage inspirés,
La soif de voir punis ceux par qui vous souffrez,
N'aident point à franchir ce pénible passage.
De ma religion le précepte plus sage
Nous apprend que l'oubli de nos ressentimens
Verse un calme inconnu sur nos derniers momens,
Nous dit de pardonner même à qui nous immole ;
Il en fait un devoir, et ce devoir console.

IDAMORE.

Tes discours dans mon cœur font descendre la paix,
Et, nouveau pour mes yeux, d'où tombe un voile épais,

Je ne sais quel espoir m'éclaire et me ranime :
Je combattrais encor pour l'État qui m'opprime.
Mais c'en est fait, Alvar, non, je ne dois plus voir
Les étendards flottans dans les airs se mouvoir ;
Non, je n'entendrai plus le signal des batailles ;
Je ne dois plus rentrer vainqueur dans ces murailles,
Et, déposant mon glaive à l'ombre des drapeaux,
Goûter près d'une épouse un glorieux repos.
Demeure... Jeune, aimé, célèbre par les armes,
Je sens trop que la vie avait pour moi des charmes.
Prêt à me détacher de tout ce que j'aimais,
De toi j'attends ma force !... Ah ! si tu vois jamais
Cet objet d'une ardeur si tendre et si funeste,
De mes cheveux sanglans porte-lui quelque reste.
Rends-lui son dernier don, ce message de mort,
Ces fleurs, qui par leur deuil m'avaient prédit mon sort.
Dis-lui... Mais de mon père épargnons la faiblesse :
Tes larmes détruiraient l'erreur où je le laisse.
Sors ; je te rejoindrai plus tôt que tu ne veux,
Et jusqu'au lieu fatal nous marcherons tous deux.

SCÈNE III.

IDAMORE, ZARÈS, GUERRIERS.

ZARÈS.

On ne me flattait pas d'une trompeuse joie ;
Akébar désarmé permet que je te voie !
Il a donc pardonné? réponds; tu m'es rendu ?
Je retrouve mon fils que je croyais perdu !
Lui me suivre! est-il vrai?... Je m'abuse peut-être.
IDAMORE.
Sans vous devant le peuple il doit encor paraître.
ZARÈS.
Mais, ce devoir rempli, tu reviens? nous fuyons ?
Dût le jour à nos pas refuser ses rayons,
Sous ces murs menaçans que rien ne te retienne.
Soutenu par ton bras, une main dans la tienne,
Sous ta garde, avec toi, par ta voix ranimé,
La nuit n'a point d'horreur dont je sois alarmé.
Que dis-je? un sang nouveau bouillonne dans mes veines,
Des douleurs et des ans j'ai dépouillé les chaînes.
Le cœur rempli d'un feu qu'il ne peut contenir,

De joie à tes côtés je me sens rajeunir.
Tu n'auras pas l'ennui de traîner à ta suite
Un vieillard chancelant, qui gênerait ta fuite :
Ma force qui renaît t'épargnera ce soin!...

####### IDAMORE.

Hélas! dans un moment vous en aurez besoin.

####### ZARÈS.

Ah! que ta défiance irrite mon courage!
Tout est plaisir pour moi dans ce prochain voyage :
Chaque jour de fatigue au bonheur me conduit.
L'œil fixé sur le but que mon espoir poursuit,
Vers nos monts en idée avec toi je m'élance.
J'en connais les chemins ; c'est moi qui te devance,
C'est moi qui suis ton guide, et quelle volupté
De nous asseoir tous deux où seul je m'arrêtai !
Je t'embrasse au lieu même où, me rendant la vie,
Ton nom frappa soudain mon oreille ravie...
Que vois-je? ô mon pays! ô jour cent fois heureux !
Mes pleurs baignent ces champs qu'ont animés tes jeux.
Leurs charmes sont flétris, leur enceinte est déserte...
Qu'ils cessent désormais de déplorer ta perte!
Oui, le voilà! c'est lui! je reviens triomphant :
Je ramène mon fils, non plus un faible enfant;
C'est mon ferme soutien, mon orgueil, ma conquête!
Prévois-tu les transports que ce beau jour m'apprête?

Conçois-tu quelle ivresse inondera mes sens,
Quand nos échos chéris rediront tes accens;
Quand je verrai la mer réfléchir ton image,
Et, moins beau que mon fils, ce palmier du même âge,
Qui semblait loin de toi pleurer son frère absent,
Se couronner de fleurs en te reconnaissant?

IDAMORE.

Je cède à la pitié que son erreur m'inspire.
Mon père... Je ne puis, et mon courage expire.

ZARÈS.

Que dis-tu? j'ai des droits sur tes chagrins secrets.
Tu n'oses dans mon sein répandre tes regrets?
Crains-tu de m'offenser si tu me les confies?
Non, pleurons-les ces biens que tu me sacrifies :
Cette jeune beauté qui t'engageait sa foi,
Par sa grace modeste elle est digne de toi.

IDAMORE.

Hélas!

ZARÈS.

Son amour même à son sort m'intéresse,
Et la voir ta compagne eût comblé mon ivresse.
Pleurons-la, parlons d'elle, et laissons faire au temps.
Sans flatter ton orgueil par des nœuds éclatans,
Ma tribu peut t'offrir une épouse aussi chère...
Tu me croiras, mon fils, au tombeau de ta mère.

IDAMORE.

Ah ! que son souvenir me protége à vos pieds :
Dites-moi qu'en son nom mes torts sont oubliés.

ZARÈS.

Toi seul tu t'en souviens.

IDAMORE.

De ce touchant langage
Que vos embrassemens me soient un nouveau gage.

ZARÈS. Il l'embrasse.

Crois-les donc, si ton cœur doute de mes discours.

SCÈNE IV.

IDAMORE, ZARÈS, AKÉBAR, EMPSAEL,
GUERRIERS.

EMPSAEL, du haut des degrés du temple.

Le jour fuit, tout est prêt, le peuple attend.

IDAMORE.

J'y cours.

ZARÈS.

Tu me quittes encor ?

IDAMORE.

Je vous l'ai dit, mon père.

ZARÈS.

C'est la dernière fois du moins?...

IDAMORE.

Oui, la dernière!

(Il l'embrasse de nouveau, les guerriers l'environnent. Il sort avec Empsaël,

SCÈNE V.

ZARÈS, AKÉBAR.

AKÉBAR.

Profane, éloigne-toi!

ZARÈS.

Supportez sans témoins
L'aspect d'un malheureux consolé par vos soins.

AKÉBAR.

Par pitié pour toi-même, éloigne-toi, te dis-je.

ZARÈS.

Un moment, et je pars.

AKÉBAR.

Laisse-moi, je l'exige.

ZARÈS.

Mais mon fils?

LE PARIA.

AKÉBAR.

C'en est trop !

ZARÈS.

Je l'attends...

AKÉBAR.

Vain espoir.

ZARÈS.

Il reviendra bientôt ?

AKÉBAR.

Tu ne dois plus le voir.

ZARÈS.

Est-il possible ?

AKÉBAR.

Il meurt.

ZARÈS.

Mon fils !... quoi ! son silence
Trompait de mes terreurs la juste violence ?
Il meurt ! c'est pour toujours qu'il vient de me quitter !
Où cet ordre inhumain doit-il s'exécuter ?
J'y cours, je veux le suivre... ou plutôt je t'implore
Par ce muet témoin que ta ferveur adore,
Par l'autel dont mes pleurs n'ont pas droit d'approcher,
Par ces pieux habits... que je n'ose toucher,
Par tes dieux, par toi-même, au nom de la tendresse,
Des respects dont ta fille honore ta vieillesse...

ACTE V, SCÈNE V.

AKÉBAR, attendri.

Ma fille !

ZARÈS.

Au peuple ému montre son souverain,
D'un regard de tes yeux brise ces cœurs d'airain ;
Arrache-leur mon fils. Viens, courons sur sa trace :
Le fer tombe à ta vue et ton front porte grace.
Viens, parais, ou du moins ne me refuse pas
Le bonheur douloureux d'expirer dans ses bras.

AKÉBAR.

Sainte horreur de l'impie, affermis ma constance !...
Non, je ne puis des dieux révoquer la sentence.

ZARÈS.

S'ils existent tes dieux, tremble dans ton amour ;
Le coup qui m'a frappé doit t'accabler un jour :
Puisse de ton enfant l'irréparable perte
Te laisser dans le cœur une blessure ouverte,
Où tous les plaisirs vains, dont tu voudras jouir,
Comme au fond d'un tombeau, viendront s'évanouir.
Puisses-tu, de toi-même éternelle victime,
Entasser les honneurs sans combler cet abîme ;
Et pauvre au sein des biens, faute d'un bien si doux,
Morne au milieu du bruit, seul au milieu de tous,
Trouver, sur le sommet de tes grandeurs stériles,
Un plus affreux désert que ceux où tu m'exiles !

AKÉBAR.

Si je t'épargne encor, rends grace à mon serment.....
Mais demeure, Empsaël t'apporte un châtiment.

ZARÈS. Il tombe sur le banc, abîmé dans sa douleur.

Ciel !

SCÈNE VI.

ZARÈS, AKÉBAR, EMPSAEL.

EMPSAEL.

Le peuple accouru pour demander sa proie
Mêlait des cris de rage aux clameurs de sa joie.
Idamore paraît, superbe et l'œil serein ;
Il écarte la foule, il marche en souverain,
Nous guide, et semble encor, comme aux jours de sa gloire,
Promener dans nos murs l'orgueil d'une victoire.
Ce captif ennemi, toléré parmi nous
Tant qu'un indigne chef nous vit à ses genoux,
Alvar, qui l'attendait, à ses côtés s'élance,
Et nous prenons nos rangs dans un morne silence.
Pendant que le chrétien, prolongeant ses adieux,
D'une pitié coupable importunait nos yeux,
Lui, des derniers accens de sa voix sacrilége,
Bravait à chaque pas son funèbre cortége :
« Hâtez-vous, criait-il, quel brame ou quel guerrier

ACTE V, SCÈNE VI.

« Se réserve l'honneur de frapper le premier ? »
Puis passant près des lieux où du haut des murailles
Son bras armé pour nous semait les funérailles :
« Choisissez, a-t-il dit, pour déchirer mes flancs,
« Ces rocs, dont j'écrasais vos ennemis tremblans! »
Le peuple s'en indigne, et sa prompte justice
Pour ce crime nouveau cherche un second supplice,
Le trouve, et dans son cours soi-même s'irritant,
Au massacre d'Alvar prélude en l'insultant.
Idamore s'arrête à leur voix menaçante.
Déjà les plus hardis reculaient d'épouvante,
Quand mille bras vengeurs sur lui de toutes parts
Font pleuvoir les débris dans la poussière épars.
Un nuage s'élève, il s'ouvre, et la tempête
Éclate sur son sein, siffle autour de sa tête...
Il défend son ami, l'embrasse, oppose en vain
Au coup qui cherche Alvar sa poitrine et sa main ;
Ce chrétien sans fureur, qui succombe et qui prie,
Sur le signe impuissant de son idolâtrie
Attache un œil d'amour, l'invoque, et radieux
Tombe aux pieds d'Idamore en lui montrant les cieux :
Seul debout, l'insensé, faible, et presque sans vie,
Lève à travers l'orage un front qui nous défie,
Protége encore Alvar, pâlit, tombe accablé,
Et le couvre en mourant de son corps mutilé.

AKÉBAR.

Je n'ai plus de rival, et ma fille me reste !

EMPSAEL.

Mais une femme accourt, elle approche, elle atteste
Sur ces membres flétris qu'ont dispersés nos coups,
Qu'elle aimait Idamore et qu'il est son époux.
« J'ai profané, dit-elle, un divin ministère.
« Pour vous j'offrais au Gange un encens adultère ;
« J'ai trahi son hymen, j'ai violé mes vœux,
« Et j'attends de vos lois le prix de ces aveux. »
L'infidèle à ces mots dans les traits d'Idamore
Cherche et ne trouve plus l'image qu'elle adore,
Pleure, et sur son visage, à ce spectacle affreux,
Ramène avec effroi son voile et ses cheveux.
Les brames, par mon ordre, entourent la coupable.
De l'exil qui l'attend l'arrêt inévitable
Doit signaler ici votre juste courroux.
On murmure contre elle, on s'attendrit sur vous ;
Vous-même frémirez quand vous l'allez connaître.
Le peuple la devance, et je la vois paraître.

SCÈNE VII.

Les précédens, NÉALA, brames, guerriers, peuple.

AKÉBAR.

Néala !

ZARÈS, qui s'est ranimé par degrés.

Se peut-il ?

AKÉBAR.

C'est elle ! Dieu puissant,
Que ne prévenais-tu l'opprobre de mon sang ?
(à Néala.)
Toi, dont le front baissé fuit mon regard sévère,
Que viens-tu faire ici ? que cherches-tu ?

NÉALA, s'approchant de Zarès.

Mon père.

AKÉBAR.

Lui !

ZARÈS.

Qu'entends-je ?

NÉALA.

Oui, mon père. Il le fut, quand j'appris
Que les jours d'Idamore étaient par vous proscrits.
Il comprendra mes maux, notre perte est la même ;
Je m'exile avec lui pour pleurer ce que j'aime.

Ne me soupçonnez pas de vouloir vous braver ;
Mais de son seul appui je viens de le priver,
Je devais le lui rendre en publiant ma faute.
Vous ne gémirez pas sur ce peu qu'il vous ôte.
Des terrestres liens votre cœur détaché
Pour moi d'un tendre soin ne fut jamais touché.
Ravi par sa ferveur au-dessus des faiblesses,
Il ne pouvait descendre à souffrir mes caresses ;
Vous n'osiez pas m'aimer. Heureux, comblé de biens,
Vos jours sont beaux sans moi : j'adoucirai les siens.
A son fils qui n'est plus je me suis immolée.
Que cette ombre chérie, un instant consolée,
Transmette à mon amour ses devoirs et ses droits.
Le moment n'est pas loin où, réunis tous trois,
Nous n'accuserons plus la mort qui nous sépare ;
Je le sens !

AKÉBAR.

Eh ! sais-tu quel destin te prépare
Cette mort, seul refuge ouvert à votre espoir ?

NÉALA.

Hélas ! je dois souffrir, mais je dois le revoir !
Je vous quitte à jamais, vous qui m'avez chérie,
Vous dont je fus la sœur, et toi, douce patrie !

(au grand-prêtre.)

Adieu... j'attends l'arrêt que vous devez porter.

ACTE V, SCÈNE VII.

AKÉBAR.

O tendresse! ô devoir! qui des deux écouter?
(après un moment de silence.)
Je dévoue à l'exil ta tête criminelle...
Va, fuis, l'humanité te rejette loin d'elle;
Fuis, j'attache à tes pas l'abandon et l'effroi;
Je te maudis... Mes pleurs s'échappent malgré moi.

NÉALA, à Zarès.

Il est temps de partir, la nuit vient; et pour guide,
Mon père, vous n'avez qu'une vierge timide.
On va, si nous tardons, nous chasser des saints lieux.

ZARÈS.

Ma fille!

NÉALA.

Levez-vous.

ZARÈS. Il regarde un moment Néala, qu'il embrasse, puis Akébar,
et s'écrie :

Pontife, il est des dieux!

(Il s'éloigne soutenu par Néala; le peuple se retire pour leur ouvrir un passage. Akébar, la tête appuyée sur la statue de Brama, reste plongé dans la douleur.)

FIN DU PARIA.

NOTE.

Un critique, à la bienveillance et à l'urbanité duquel je me plais à rendre hommage, a cru devoir signaler, comme faute de prosodie, l'emploi que j'ai fait du mot *croient* dans ces deux vers :

> Va, ces mortels si fiers qui nous ont rejetés,
> De ce bonheur en vain nous *croient* déshérités.

Le respect que tout écrivain doit à la langue m'eût fait un devoir de corriger ce passage, si je n'avais pour moi l'exemple de Racine, qui a dit :

> Qu'ils *soient* comme la poudre et la paille légère,
> Que le vent chasse devant lui.

Le mot employé dans *Esther*, et celui dont je me suis servi, sont tous deux monosyllabiques ; ils sont formés presque en entier des mêmes lettres, et ils apportent à l'oreille la même terminaison masculine : si l'un est admis dans les vers, pourquoi l'autre en serait-il banni ? La langue poétique en France est-elle assez riche pour se montrer dédaigneuse, ou marche-t-elle si librement qu'elle doive s'imposer à elle-même de nouvelles entraves ?

Dans les vers suivans, la règle des participes a paru violée :

> Notre tendre amitié remplit le cours des heures ;
> Ces arbres l'ont *vu naître*.

NOTE.

Ici le plus harmonieux et le plus correct de nos poètes vient encore à mon secours. Racine a fait dire à Néron, en parlant de Junie :

> Immobile, saisi d'un long étonnement,
> Je l'ai *laissé* passer dans son appartement.

De plus, j'ai en ma faveur l'autorité de Condillac. Il établit pour règle que tout participe suivi d'un infinitif demeure invariable, quels que soient d'ailleurs le genre et le nombre du régime qui précède, et même lorsque l'infinitif est un verbe neutre. (Voyez la *Grammaire* de Condillac, page 193, in-8°, 1795.)

EXAMEN CRITIQUE

DU

PARIA.

EXAMEN CRITIQUE

DU

PARIA.

Qu'est-ce qu'un Paria? C'est la première question que l'on a dû se faire lorsqu'on a entendu parler de la nouvelle tragédie de l'auteur des *Vêpres siciliennes*. Beaucoup de personnes aiment le théâtre, et ne sont pas pour cela familières avec les *Relations* du P. Catrou, les *Voyages* de Tavernier ou ceux de Bernier. Bernardin de Saint-Pierre a fait d'un Paria le héros d'un petit conte philosophique, intitulé *la Chaumière indienne*; et ce Paria est, sous la plume du romancier, le modèle des sages, des solitaires, des amans et des époux; *il révère sa femme comme le soleil, et l'aime comme la lune.* Un docteur anglais, député de toutes les académies des trois royaumes, a parcouru la moitié du globe pour y chercher la vérité et le bonheur: il ne trouve l'une et l'autre que dans la cabane du Paria. En quittant son hôte, le voyageur britannique veut lui faire présent d'une montre qui sonne les heures. « Les oiseaux les chantent, « répond le Paria. — Acceptez du moins ces pis- « tolets, pour vous défendre des voleurs dans votre « solitude. — L'argent dont vos armes sont gar- « nies suffirait pour les attirer. » Voilà le Paria du roman; voici celui de l'histoire :

« Outre les quatre premières tribus, celle des brames, des guerriers, des laboureurs et des artisans, il y en a une cinquième qui est le rebut de toutes les autres. Ceux qui la composent ont les emplois les plus vils de la société : ils enterrent les morts, ils transportent les immondices, et se nourrissent de la viande des animaux morts naturellement. Ils sont dans une telle horreur, que, si l'un d'entre eux osait toucher un homme d'une autre classe, celui-ci a le droit de le tuer sur-le-champ ; on les nomme les Parias. » (RAYNAL, *Histoire des deux Indes.*)

Il y a encore, au rapport du même historien, une classe plus abjecte et plus méprisée que celle des Parias, c'est la tribu des Poulichis; les détails dans lesquels il entre à leur égard, et que confirme l'autorité des écrivains les plus irrécusables, prouvent qu'il n'est pas de degré d'abjection et d'abrutissement auquel la tyrannie et l'ignorance ne puissent ravaler l'espèce humaine. Cet état d'avilissement et d'opprobre n'a jamais déshonoré les sociétés éclairées de la lumière du christianisme: l'esclavage des noirs, l'excommunication politique des Juifs, n'a approché dans aucun temps de cette dégradation absolue des droits de l'homme, à laquelle des castes entières ont été condamnées dans la presqu'île du Gange. En Europe, ceux qui étaient assis au dernier degré de la hiérarchie sociale se trouvaient réellement dans un état d'élévation prodigieuse, en comparaison de ces déplorables victimes du fanatisme, de l'orgueil et des préjugés asiatiques.

Venger ces infortunés, et préparer, même de loin, l'époque de leur régénération politique, est le devoir d'un écrivain qui embrasse dans ses vues les intérêts de l'humanité tout entière. Si jamais les Parias sont rendus à leur dignité primitive, j'ignore jusqu'à quel point ils auront obligation d'un si grand service à une pièce de théâtre jouée à deux mille lieues de Bénarès ; mais le théâtre répand et propage les maximes avouées par la justice et par la vérité ; et, puisque la presqu'île est aujourd'hui à peu près entièrement assujettie à une domination européenne, qui sait si l'opinion favorable à l'abolition d'un esclavage odieux ne recevra pas de la tragédie de M. Delavigne une nouvelle impulsion qui, communiquée de Paris à Londres, ira se faire sentir, par un heureux contrecoup, sur les rivages de Coromandel et de Malabar ?

L'écueil d'un pareil sujet est l'exagération. Il est louable de s'enflammer pour une classe d'hommes proscrite et avilie ; il est injuste et dangereux de lui sacrifier entièrement les classes supérieures. Cet écueil, M. Delavigne n'a pas su l'éviter ; il commence par retrancher des quatre premières tribus de l'Indostan, celle des laboureurs et des artisans ; reste la tribu des Brames et celles des guerriers : un Paria est son héros ; dès lors, les Brames ne seront plus que des imposteurs fanatiques, insensibles à la voix de la nature et de la pitié ; et, quant aux guerriers, il cherchera en vain sur leur front les traces de leur noble origine; il n'y verra que

> Des traits efféminés
> Vieillis par les chagrins, par les pleurs sillonnés;
> Sous un faste imposant des corps dont la mollesse
> Faisait mentir le fer qui couvrait leur faiblesse.

Mais un Paria aura seul plus de force et de courage que toute la tribu belliqueuse, que toutes les autres tribus ensemble; il n'y a pas lieu d'en douter; car il s'en vante, et personne ne le dément;

> Vos tribus dispersées
> A l'approche du joug s'étaient déjà baissées,
> Je l'écartai moi seul, qui seul restais debout.

Mais par quel prodige ce Paria, vil rebut d'une nation, ce Paria que Dieu avait retranché

> Du nombre des humains
> Quand l'univers créé s'échappa de ses mains,

se trouve-t-il à la tête de la tribu des guerriers? C'est ici la donnée principale de la pièce, et elle me conduit naturellement à l'analyse.

Idamore, fils du Paria Zarès, a quitté depuis trois ans son vieux père, dont il était l'unique appui dans le désert. Poussé par un sentiment vague de curiosité, et par un instinct irrésistible d'ambition, il s'est approché de Bénarès; et, déguisant son origine servile sous les dépouilles des tigres qu'il a terrassés, il est venu prendre du service dans les troupes attaquées alors par les Portugais. Ses talens et son courage l'ont élevé de grade en grade jusqu'au commandement suprême; ce commandement a été la récompense d'une dernière victoire qu'il a remportée sur les chrétiens, et dans laquelle il a fait prisonnier de ses propres mains le jeune Alvar, auquel il a sauvé la vie, et qui est devenu son confident et son ami.

Sûr de son attachement et de sa prudence, Idamore révèle à Alvar le secret de sa naissance; Alvar lui confie à son tour que lui-même, par suite d'une erreur qu'il n'explique point, a été excommunié à Lisbonne, et que c'est pour se soustraire aux rigueurs de l'inquisition qu'il est venu débarquer sur les bords du Gange. Cette circonstance n'est d'aucun intérêt dans la suite de l'ouvrage; et, comme elle alonge inutilement l'exposition, il n'y aurait aucun inconvénient à la supprimer.

Rassasié de gloire, dégoûté du faste des villes, Idamore pensait à retourner auprès de Zarès; un sentiment impérieux, l'amour, l'a retenu à Bénarès. Épris des charmes de la jeune Néala, fille du grand-prêtre Akébar, il a touché son cœur; un obstacle qui paraît invincible s'oppose à leur union. Néala est vouée par son père au dieu du Gange, et cet hymen religieux la consacre à une éternelle virginité. D'ailleurs Akébar est ennemi d'Idamore, qui n'a jamais voulu fléchir le genou devant sa puissance sacrée. Comment son ennemi pourrait-il espérer de devenir son gendre?

Le pontife, après avoir longuement déploré les ennuis attachés à son rang, la contrainte qu'il est obligé de s'imposer à tous les momens de la vie, l'abnégation même des sentimens naturels, à laquelle il est condamné par sa pieuse politique, et surtout les chagrins cuisans qu'il ressent de l'orgueil inflexible d'Idamore, veut triompher de son superbe rival en lui offrant la main de sa fille. Un oracle émané de la puissance suprême a rompu les engagemens sacrés de Néala; et Akébar, ignorant ceux qui lient déjà les deux jeunes amans, propose à Idamore un mariage qui doit mettre fin à tous les ressentimens. Idamore, transporté de joie, tombe aux pieds d'Akébar, lui jure soumission et respect. Les desseins du pontife sont accomplis; il sort pour ordonner les préparatifs de l'hymen.

Néala est auprès de son époux, lorsque tout-à-coup un scrupule généreux s'empare de l'esprit d'Idamore : peut-il laisser ignorer à Néala que c'est un Paria qu'elle épouse? Le terrible aveu lui échappe, et à l'instant Néala épouvantée recule avec horreur, et court se réfugier auprès de la statue de Brama.

C'est ici la plus belle et la plus touchante situation de la tragédie. Dans une tirade très éloquente et très bien versifiée, l'auteur a placé l'apologie de la tribu des Parias. Idamore cherche à détromper son épouse: il lui prouve facilement que les Parias sont des hommes, enfans d'un même Dieu, éclairés d'un même soleil, portés par la même terre, et appelés à une même vocation :

> Dieu nous appelle tous ; le brame qui l'encense
> Et l'enfant du désert repoussé des autels,
> Reposeront unis dans ses bras paternels.

Cette tirade a été couverte d'applaudissemens

mérités; il est juste d'en rendre quelque chose à Shakspeare, qui, dans son *Marchand de Venise*, a prêté les mêmes idées au juif Sylock. « Un juif n'a-« t-il pas des yeux? Un juif n'a-t-il pas des mains, « des organes et des passions? ne se nourrit-il pas « des mêmes alimens? n'est-il pas blessé des mêmes « armes? etc. » Mais un emprunt fait à un théâtre étranger est une conquête légitime, et M. Delavigne l'a ornée de si beaux vers qu'il en a fait incontestablement sa propriété.

Dans le moment on annonce l'arrivée imprévue d'un vieillard; et cette arrivée va tout changer, va donner à tout une face imprévue. Zarès, ne pouvant plus supporter l'absence de son fils, vient réclamer les droits de la tendresse et de l'autorité paternelle. A peine est-il instruit qu'Idamore est perdu à jamais pour lui, puisqu'il va s'unir à une bramine, que Zarès l'accable de reproches; il lui rappelle les souvenirs de son enfance, le tombeau de sa mère, et lui ordonne de renoncer à Néala, et de l'accompagner dans sa retraite. Idamore lui demande une heure; après une entrevue avec

Néala, il obéira à son père. Zarès s'enfonce seul dans la forêt.

Idamore a déterminé avec peine Néala à le suivre au fond des déserts; à ce prix l'hymen s'achève et la cérémonie a lieu sur la scène; Zarès, qui est aux aguets, se croit trahi par Idamore, et accourt en répétant à grands cris qu'il est un Paria. Le grand-prêtre, indigné qu'un homme impur ait osé profaner l'enceinte sacrée, ordonne la mort de Zarès. Idamore se jette au-devant du coup fatal, et se déclare Paria, en proclamant Zarès pour son père. Effroi, consternation, trouble général; on emmène Néala évanouie. Les soldats et le peuple abandonnent Idamore. Akébar convoque le conseil. Idamore est condamné à être lapidé; la sentence s'exécute. Le fidèle Alvar, qui n'a point voulu abandonner son ami, est enveloppé, on ne sait trop pourquoi, dans son supplice. Néala reparaît, mais son époux n'existe plus. « Que venez-vous « chercher? lui dit Akébar. — Mon père! » et elle se précipite dans les bras de Zarès, qui avant de se remettre en route avec elle pour sa solitude, accable Akébar de ses malédictions, et lui annonce la vengeance céleste par cet hémistiche, le dernier de la pièce : « *Pontife, il est des dieux!* »

Le plan de cette tragédie n'en est pas la partie la plus irréprochable, et cependant je me plais à reconnaître que, malgré les invraisemblances que l'on y a remarquées, il est plus sage et plus régulier que celui des *Vêpres siciliennes*. Il n'y a rien dans le *Paria* que l'on puisse comparer ni à la présence inaperçue de Procida et de trois cents conspirateurs dans le palais même du vice-roi, ni au sommeil de Montfort, que trois avis différens ont instruit, dans le jour même, de l'existence de la conspiration, ni à la folie de Lorédan, qui se tue par amitié pour un homme qui voulait tuer son père, et qui lui enlevait sa maîtresse. Cependant voici quelques questions que j'adresse, sous la forme du doute, à M. Casimir Delavigne :

Est-il vraisemblable qu'étranger à la tribu des guerriers, dans un pays où la distinction des castes est si sévèrement maintenue, Idamore soit parvenu au suprême commandement de cette tribu, sans qu'on se soit informé de sa famille et de sa patrie?

Que *seul*, à la tête de soldats peints comme des lâches et des efféminés, il ait affranchi son pays du joug des Portugais ?

Qu'Akébar trahisse devant un prêtre subalterne le secret de ses impostures, le ridicule de ses pratiques, la cruauté de sa politique sacrée ?

Que Zarès, reconnu par Idamore, alors investi de la toute-puissance, ne soit pas protégé efficacement contre les dangers que la découverte de sa qualité de Paria peut lui faire courir ?

Qu'au moment du danger qui menace Idamore, Néala n'intervienne pas comme médiatrice entre son père et son époux, et qu'un évanouissement seul motive l'absence de ces scènes pathétiques et touchantes que la situation amenait si naturellement, et qui aurait jeté tant d'intérêt et de mouvement dans les derniers actes ?

Qu'Alvar, qui n'a subi ni jugement ni condamnation, soit lapidé avec Idamore ?

Et qu'enfin Akébar se laisse enlever sa fille par un Paria qui l'outrage et qui le maudit ?

Je connais d'avance la réponse à toutes ces questions. Sans doute, ces invraisemblances existent, et cependant la pièce confirme les présages que les premières productions de M. Delavigne avaient fait concevoir; on y remarque les progrès sensibles d'un talent distingué. La versification en est brillante; un grand nombre, un trop grand nombre peut-être de descriptions y étincellent de beautés poétiques du premier ordre. La pensée est souvent revêtue des couleurs de l'imagination; il y a donc beaucoup à attendre d'une muse à laquelle on ne peut imputer encore que des fautes de jeunesse, et qui donnerait peut-être moins d'espérances si elle montrait plus de raison et de maturité. Acceptons, j'y consens, cette heureuse compensation, et, surtout, montrons assez d'égards et d'estime à M. Delavigne pour ne pas lui prodiguer de pernicieuses adulations.

Racine mettait deux ans à mûrir le plan d'une tragédie, et lorsque ce plan, purgé des fautes inséparables d'une première conception, corrigé, remis vingt fois sur le métier, ne laissait plus enfin aucun scrupule ni à son goût, ni au goût plus sévère encore de son ami Despréaux; lorsqu'il s'était assuré que les caractères, inventés ou tracés d'après l'histoire, se soutenaient jusqu'à la fin sans se démentir un seul instant, que l'intérêt des situations redoublait avec les obstacles, et allait toujours croissant jusqu'au dénouement; lorsque après avoir tracé la division des actes et la distribution des scènes, il avait esquissé en prose le dialogue de ses différens personnages, il avouait que sa tragédie était terminée. Les vers, il est vrai, lui restaient à faire; mais de beaux vers pour Racine étaient la moindre partie de sa tâche. Son seul embarras eût été d'en faire de médiocres ou de mauvais. Aussi, depuis *Andromaque*, la liste des tragédies de ce grand poète ne se compose que de chefs-d'œuvre. L'imagination n'y impose aucun sacrifice à la raison; la réflexion et la lecture confirment et justifient l'illusion qu'elles ont produite au théâtre; depuis plus d'un siècle et demi, lues sans cesse, sans cesse représentées, elles semblent toujours briller de l'éclat de la jeunesse, de la fraîcheur de la nouveauté, et la mémoire qui se les retrace croit les recueillir pour la première fois.

Voltaire produisait plus facilement; une tragédie lui coûta souvent moins d'un mois de travail;

mais aussi quelle infériorité dans la correction des vers, dans la sagesse des plans, dans la vraisemblance des moyens, dans la régularité des compositions! et, toutefois, malgré cette infériorité que l'on n'ose plus contester, le brillant de son coloris, la hardiesse de quelques-unes de ses conceptions, le grand ressort du pathétique, que nul autre n'a manié avec plus de force, l'originalité des mœurs qu'il a introduites sur la scène, et, plus que tout cela, les opinions qu'il a fait prédominer dans la société, après les avoir introduites et essayées sur le théâtre, lui ont conservé, parmi les poètes tragiques, une place si élevée, que l'ambition de ses successeurs s'est plutôt attachée à en approcher qu'à y atteindre. Mais son exemple a été contagieux; avec moins de génie, les auteurs qui sont venus après lui se sont permis toutes les licences que le génie seul peut excuser, parce qu'il est toujours assez riche pour en payer complant la rançon. Lorsqu'on reprochait à ces faibles imitateurs les fautes de composition qui déshonoraient leurs ouvrages, ils répondaient par l'exemple de Voltaire, par le billet équivoque de Zaïre, par la lettre à double sens de Tancrède, par la fantasmagorie de Sémiramis, par les invraisemblances innombrables d'Alzire, et ils ne voyaient pas que ce n'était point par ces défauts que les ouvrages dont ils s'autorisaient avaient obtenu les succès de la représentation et les suffrages des connaisseurs, et que, pour pécher impunément comme Voltaire, il fallait écrire, sentir et exprimer habituellement comme lui.

J'ai trouvé beaucoup à louer dans le style, beaucoup aussi à blâmer dans la conception générale de l'ouvrage. C'est indiquer que, d'après mon sentiment, le plan du *Paria* avait besoin d'excuse, et que le jeune auteur était sur la route du pardon; il serait digne d'un talent qui s'annonce sous de brillans auspices de ne point se mettre dans le cas de recourir à l'indulgence. Plus il avancera dans la carrière, plus cette indulgence se montrera difficile et rétive; et compter, pour la réclamer à l'avenir, sur les titres de Voltaire, c'est s'exposer à de cruelles, à d'irréparables méprises.

Au point où est parvenu le talent de M. Delavigne, il lui est plus facile de se perfectionner par la sagesse, que de se grandir en élévation. Écrira-t-il un jour mieux qu'il n'a écrit jusqu'à présent? sauf vérification ultérieure, il est permis d'en douter; composera-t-il plus régulièrement? il n'a qu'à le vouloir pour y réussir. Or, une tragédie qui réunirait au mérite de la versification élégante, harmonieuse, énergique, de M. Delavigne, le mérite d'un plan raisonnable, d'un plan conforme en tout aux règles de la poétique théâtrale, serait un ouvrage, sinon du premier ordre, au moins si voisin du premier, qu'il n'est pas d'ambition qui n'en dût être satisfaite; où trouverait-on alors les rivaux de M. Delavigne?

Dans les reproches assez nombreux qui portent sur les diverses parties de l'invention, il en est un qu'on aura été surpris de ne pas rencontrer, et je dois en faire une mention expresse, parce qu'il a été à peu près général; ce n'est pas pourtant dans l'intention de l'appuyer, c'est, au contraire, avec la ferme volonté de le combattre, que je le rappelle. La prévention et l'erreur ont seules inspiré la critique que je me propose de réfuter.

Il s'agit du personnage de Zarès. Quel est ce père

insensé et barbare, entendais-je répéter de tous côtés, qui, couvert des haillons de l'indigence, vient troubler le bonheur d'un fils élevé au faîte des grandeurs, et près de mettre le comble à sa félicité par son union avec une fille vertueuse et adorée? Quel égoïsme! quelle dureté! Quoi! ce fils renoncera à son rang, à sa considération, à son amour! Et pourquoi? pour rentrer dans la fange, d'où son génie a su le relever; pour retourner dans un désert, s'exposer de nouveau au mépris et à la proscription, pour n'avoir d'autre consolation de son isolement que la société de son vieux père, auquel il offre de partager sa gloire et sa fortune, et d'habiter près de lui son superbe palais de Bénarès? et c'est cependant sur ce vieillard que l'auteur a reporté tout l'intérêt de ses derniers actes, c'est sur lui qu'il appelle la pitié; Idamore paraîtrait coupable, si, après la cérémonie de son hymen, il se refusait à le suivre avec sa nouvelle épouse! Ne serait-il pas plus naturel que Zarès acceptât la proposition de son fils, puisque enfin il n'est pas connu pour un Paria, et que, couvert de la protection filiale du chef des guerriers, il doit plutôt aspirer à s'élever jusqu'à lui, que le condamner à redescendre à l'humiliation d'une tribu dégradée?

Voilà l'objection dans toute sa force. Ceux qui la font me paraissent avoir méconnu le but de la nouvelle tragédie, et ils ont prononcé d'après des préjugés vulgaires sur un caractère entièrement placé hors de la position sociale. M. Delavigne n'a voulu prouver qu'une chose, c'est qu'un Paria est un homme; que l'infamie politique dont il est frappé est une grande infamie morale; que dans cette caste rebutée il peut se trouver de grands caractères. Pour appuyer cette théorie par des exemples, il a mis en scène deux Parias, dont l'un, jeune, ardent, ambitieux, a triomphé de sa destinée, en se montrant digne des grands emplois auxquels il est parvenu; dont l'autre, au contraire, a nourri, pendant soixante ans, dans la solitude, la haine de ses oppresseurs et de longs ressentimens contre les supériorités dont il est la victime. Façonné à son état et à ses privations, il ne doit voir qu'avec dédain et avec colère tout ce qui se rattache aux castes privilégiées. Il a en horreur leurs villes, leurs arts, leur opulence. Privé de ce fils, unique appui, dernière consolation de sa vieillesse, il le cherche au péril de sa vie; il le retrouve: dans quel moment! lorsque son union avec la fille du grand-bramine va l'enchaîner pour jamais à une caste qu'il abhorre, et lui enlever tout espoir de le ramener dans sa solitude, et de pleurer avec lui sur les cendres de sa mère. Il faut connaître bien mal le cœur humain pour n'avoir pas senti combien était dans la nature cet héroïsme d'une misère stoïque, ce mélange de vengeance, de dédain et de grandeur d'ame. A-t-on oublié Lusignan, retrouvant sa fille au moment où elle va épouser le successeur des Califes, et lui défendant, au nom de la religion et de l'autorité paternelle, un mariage coupable? Mais Zaïre est la fille des rois de Jérusalem! Oui, sans doute, de rois détrônés, captifs, réduits à une condition plus cruelle que celle des plus misérables Parias. Mais elle est fille d'un chrétien, et elle a promis de devenir chrétienne! Croit-on que l'aversion inspirée par la différence de religion soit plus puissante que celle que Zarès doit ressentir contre des titres dont il est séparé par toute la distance que met l'orgueil entre la toute-puissance et l'esclavage, entre l'existence et le néant?

Je suis donc loin de blâmer les sentimens qui animent Zarès; il serait faible et pusillanime s'il en montrait d'autres; ce que je blâme, c'est l'imprévoyance incroyable d'Idamore, qui ne prend aucune précaution pour mettre son père à l'abri de ses propres imprudences, et qui, en le laissant s'égarer seul dans la forêt sacrée, s'enlève le moyen de lui apprendre sa résolution de partir avec Néala, pour l'accompagner dans ses déserts, dès qu'elle sera devenue son épouse.

Les beautés de style que l'on aime à reconnaître dans *le Paria* sont nombreuses; mais elles sont déparées par des fautes échappées à l'attention de M. Delavigne, et que je crois nécessaire de lui signaler.

Idamore dit en parlant d'Akébar :

> Il se trouble à l'éclat de sa grandeur suprême,
> Il s'impose, il s'adore; il a foi dans lui-même.

L'éclat *éblouit*, mais *ne trouble* pas; puis est-il correct de dire *qu'on se trouble à l'éclat?*

Le second vers est une paraphrase de ce mot si connu de Mme de Staël, parlant de Buonaparte : *il croit en lui.* La précision du mot en fait tout le mérite ; j'ai bien peur que M. Delavigne ne l'ait gâté en le délayant. Et puis, *il s'impose* présente-t-il une idée claire et précise ?

Le même Idamore dit en parlant de lui-même :

> Jeté farouche encore à travers ces entraves,
> Je gémis sous leur poids léger pour des esclaves.

On attache *les entraves* aux pieds, mais on n'est pas jeté à travers : l'image est fausse ; et, d'ailleurs, les entraves n'asservissent point par leur poids, mais par leur dureté et leur force. Le poète emprunte au joug une métaphore qu'il transporte improprement à un objet auquel elle ne convient nullement.

> Va, ces mortels si fiers qui nous ont rejetés
> De ce bonheur en vain nous *croient* déshérités.

Ici, la faute de prosodie est palpable. La terminaison du mot *croient* ne peut entrer dans un vers que lorsqu'elle est masculine, comme dans les imparfaits de l'indicatif, *ils aimaient, ils croyaient.*

Une faute toute semblable se retrouve dans le dernier des deux vers suivans :

> Sans que ses premiers feux ni sa clarté mourante
> De mes sens éperdus *aient* calmé l'épouvante.

La règle de l'accord du participe est évidemment violée dans cet hémistiche; il s'agit de l'amitié :

> Ces arbres l'ont vu naître............

On doit écrire *vue*.

> Que d'orgueils révoltés !............

C'est la première fois que j'ai vu le mot *orgueil* employé au pluriel, et je doute qu'il fût possible à M. Delavigne d'autoriser ce pluriel par quelques exemples.

J'ai marqué ces inadvertances grammaticales, non que j'y attache une importance pédantesque, mais parce qu'elles gâtent des pensées et des tirades où l'on ne désirerait qu'admirer.

Voici des observations d'un autre genre : on applaudit beaucoup les deux vers suivans, adressés par Idamore au grand-bramine :

> Soyez plus qu'un mortel ; j'y consens, si nous sommes,
> Vous le dernier des dieux, moi le premier des hommes.

J'ignore si ceux qui les applaudissent ont le bonheur de les comprendre; Idamore ne cesse de déclamer contre la prééminence du grand-prêtre sur la tribu des guerriers, et il établit les motifs de ses prétentions à la supériorité sur la caste des Brames, dans ces vers singuliers, que, dans une autre circonstance, Idamore adresse au peuple. Je combattais, dit-il, je remportais la victoire,

> Quand ces Brames si fiers que je courais défendre,
> Cachés au fond du temple et courbés sous la cendre,
> Implorant un appui qu'ils n'osaient vous offrir,
> Priaient, tremblaient pour vous, et vous laissaient périr,

Le reproche assurément est bizarre, et l'on ne voit pas trop ce qu'en tout pays livré aux horreurs de la guerre, des prêtres ont de mieux à faire que de prier pour ses défenseurs. Quoi qu'il en soit, il résulte de cette allocution qu'Idamore entend bien prendre le pas sur le pontife, ce qui sera difficile d'après la concession qu'il lui fait; le premier des hommes, suivant toutes les règles de l'étiquette polythéiste, ne doit venir immédiatement qu'à la suite du dernier des dieux.

Je me résume. Des fautes dans la disposition des scènes, quelques négligences de style, des idées fortes, une foule de beaux vers, des tirades entières écrites de verve ou imitées avec éloquence, un but moral très élevé, de l'exagération dans certaines parties du rôle d'Akébar et d'Idamore, beaucoup de charme et de naturel dans celui de Néala, un dénouement tragique, mais invraisemblable, un grand talent qui donne de plus grandes espérances encore; tel est le jugement qu'après plusieurs épreuves j'ai porté du *Paria*: et ce qui m'a inspiré de la confiance dans mon opinion, c'est qu'elle a été partagée par le public, qui, tout en blâmant ce qu'il y a de répréhensible dans l'ouvrage, ne cesse de se porter en foule aux représentations. Ce ne sont pas les défauts, ce sont les beautés qui font le sort d'un ouvrage dramatique; l'heureuse destinée du *Paria* et celle de son auteur me paraissent désormais assurées.

L'ÉCOLE DES VIEILLARDS,

COMÉDIE EN CINQ ACTES,

REPRÉSENTÉE POUR LA PREMIÈRE FOIS A PARIS, SUR LE THÉÂTRE FRANÇAIS, LE 6 DÉCEMBRE 1823.

A

S. A: S. Monseigneur

le Duc d'Orléans,

Premier prince du Sang,

Comme un Hommage de Respect et de Reconnaissance.

Casimir Delavigne.

Ce 15 Décembre 1823.

PERSONNAGES.

DANVILLE, ancien armateur.
BONNARD, son ami.
Le duc d'ELMAR.
VALENTIN, domestique de Danville.
Madame DANVILLE.
Madame SINCLAIR.
Un laquais.

La scène se passe à Paris.

L'ÉCOLE DES VIEILLARDS.

L'ÉCOLE DES VIEILLARDS,

COMÉDIE.

ACTE PREMIER.

SCÈNE I.

DANVILLE, BONNARD.

BONNARD.
Que j'éprouve de joie, et que cette embrassade
A réchauffé le cœur de ton vieux camarade!
DANVILLE.
Débarqué d'hier soir, j'arrive et je t'écris.
BONNARD.
Cher Danville!

DANVILLE.

Je viens me fixer à Paris.

BONNARD.

Je ne puis concevoir de raisons assez bonnes...
Bah ! tu veux plaisanter ?

DANVILLE.

Non, Bonnard.

BONNARD.

Tu m'étonnes.
Toi, grand propriétaire, autrefois armateur,
Du Havre, où tu naquis, constant adorateur,
Tu cesses de l'aimer ?...

DANVILLE.

Qui, moi ? charmante ville !
Elle fut mon berceau ; doux climat, sol fertile ;
D'aimables habitans... un site ! ah ! quel tableau !
Après Constantinople il n'est rien d'aussi beau.

BONNARD.

Pourquoi t'en éloigner ?

DANVILLE.

C'est que... Je vais te dire...
Mais promets-moi d'abord que tu ne vas pas rire.

BONNARD.

Eh ! dis toujours.

ACTE I, SCÈNE I.

DANVILLE.

Je suis...

BONNARD.

Quoi?

DANVILLE.

Je suis marié.

BONNARD.

Rien qu'à ton embarras je l'aurais parié.
Pour la seconde fois!

DANVILLE.

J'étais las du veuvage.

BONNARD.

A soixante ans et plus!

DANVILLE.

Ma foi, c'est un bel âge.

BONNARD.

Sans m'avoir averti!

DANVILLE.

Bon! mon billet de part
Aurait trop exercé ton esprit goguenard.

BONNARD.

Ta femme a quarante ans?

DANVILLE.

Pas encore.

BONNARD.

Au moins trente?

DANVILLE.

Pas tout-à-fait.

BONNARD.

Combien?

DANVILLE.

Bonnard, elle est charmante!
C'est une grace unique, un cœur, un enjoûment!...
Je me sens rajeunir d'y penser seulement.
Son père, resté veuf, chercha fortune aux îles.
Hortense, loin de lui, coulait des jours tranquilles,
Auprès de son aïeule, une dame Sinclair,
Bonne femme, un peu vive, et femme du bel air,
Qui sait rire, et qui garde, en sa verte vieillesse,
Pour les plaisirs du monde un grand fonds de tendresse;
Des succès de sa fille amoureuse à l'excès,
Si l'on peut trop chérir de si justes succès.
Hortense est un modèle; oui, Bonnard, je l'adore.
Je la voyais souvent; je la vis plus encore;
Je la vis tous les jours : bref, je parlai d'hymen.
Je craignais de subir un fâcheux examen.
Malgré mes cheveux blancs, dans sa reconnaissance,
Dans son respect pour moi son amour prit naissance,
Et je vis s'embellir mon arrière-saison

Des charmes du bel âge unis à la raison.
Notre hymen fut conclu. Sa respectable aïeule
Eut toujours par nature horreur de vivre seule;
Ma maison fut la sienne, et par elle j'appris
Qu'en secret leur chimère était de voir Paris;
Bien plus, qu'à leur santé l'air du Havre est contraire.
Je les force à partir. Loin d'Hortense une affaire
M'a retenu deux mois, à mon grand désespoir,
Et c'est à peine hier si j'ai pu l'entrevoir;
Elle avait pour la cour un billet de spectacle :
Moi, mettre à ses plaisirs le plus léger obstacle!
Bien qu'elle y consentît, c'était un coup mortel;
Et j'ai, pour me distraire, admiré mon hôtel.

BONNARD.

Celui du duc d'Elmar.

DANVILLE.

C'est mon propriétaire.

BONNARD.

Voici, depuis un mois, son oncle au ministère;
Doyen des receveurs dans son département,
Je perçois les deniers d'un arrondissement;
Le duc est très puissant : c'est un homme à la mode.

DANVILLE.

Vraiment... Dans son hôtel plus grand qu'il n'est commode
Il occupe au premier un superbe local;

Mais pour un philosophe un second n'est pas mal.
BONNARD.
C'est un palais, mon cher; peste! quelle richesse!
En entrant j'ai manqué de te traiter d'altesse...
Ah ça! comment ton fils a-t-il pris ton départ?
DANVILLE.
Mon fils, depuis l'hiver, a son ménage à part;
Ma femme est de trois ans plus jeune que la sienne;
Comment les accorder? pour qu'une maison tienne,
Il faut de l'unité dans le gouvernement;
Toutes deux gouvernaient contradictoirement.
Hortense aime beaucoup... j'aime beaucoup le monde,
Mon fils ne se complaît qu'en une paix profonde.
Il a quitté la place et vit comme un reclus.
Je le chéris toujours.
BONNARD.
Mais tu ne le vois plus.
Tes conseils le guidaient dans l'état qu'il exerce,
Tu livres sa fortune aux chances du commerce,
Tu t'éloignes de lui, c'est un grand tort; et tien,
Je connais en province un fils comme le tien,
Qu'un père comme toi vient de laisser sans guide.
Le fils a mal compté : voilà sa caisse vide;
Le mois touche à sa fin; dans ce besoin urgent,
Pour le tirer d'affaire il faut beaucoup d'argent.

Il aurait dû lever cet impôt sur son père :
Mais comme ils sont brouillés, c'est en moi qu'il espère ;
Il faut vingt mille francs : peux-tu me les prêter?

DANVILLE.

C'est ma femme, monsieur, qui va vous les compter ;
Elle est mon trésorier.

BONNARD.

C'est superbe, et d'avance
Je lui veux de ma place offrir la survivance.
Ta femme... Ah! mon ami, que tes goûts ont changé!
Que je t'ai vu plus sage à mon dernier congé!
Tu t'occupais alors de tes travaux champêtres,
A l'ombre des pommiers plantés par tes ancêtres,
Debout avant le jour, doucement tourmenté
Du démon vigilant de la propriété.
Tu pâlissais de crainte au bruit d'une visite,
A tirer des perdreaux tu bornais ton mérite,
Ta joie à faire en paix bonne chère et grand feu,
Et ton piquet du soir, quand j'avais mauvais jeu.
Te voilà citadin! le luxe t'environne ;
Un gros suisse est là-bas qui défend ta personne,
Et tout cela, pourquoi? ta femme l'a voulu.

DANVILLE.

Hortense! elle me laisse un pouvoir absolu;
Mais elle y voit très clair; quand on a ma fortune,

Une capacité qu'elle croit peu commune,
Sans prétendre à Paris au rang d'un potentat,
Dans un poste honorable on peut servir l'État.
L'espoir qu'elle a conçu me semble légitime,
Et je lui sais bon gré d'une si haute estime.
Toi-même qu'en dis-tu?

BONNARD.

Rien.

DANVILLE.

Parle franchement.

BONNARD.

Sur une chose à faire on dit son sentiment;
C'est d'abord mon système, et, quand la chose est faite,
J'ai pour système aussi de la trouver parfaite.
Mais tiens, Paris abonde en amis obligeans,
Qui se font un doux soin de marier les gens.
Ils m'avaient découvert une honnête personne,
Savante comme un livre, aimable, toute bonne;
Au cousin d'un ministre elle tenait de près;
Ces chers amis pour moi l'avaient fait faire exprès.
Eh bien, j'ai refusé.

DANVILLE.

D'où vient?

BONNARD.

Elle est jolie,

Elle est jeune.
DANVILLE.
Tant mieux. Depuis quand, je te prie,
La jeunesse à tes yeux paraît-elle un défaut?
BONNARD.
Depuis que j'ai vieilli. Dans ma femme il me faut,
Pour que le mariage entre nous soit sortable,
Une maturité tout à fait respectable.
Or, une vieille femme a pour moi peu d'appas;
Une jeune, à son tour, peut ne m'en trouver pas.
Pour agir prudemment dans cette conjoncture,
J'ai fait du célibat ma seconde nature;
J'y tiens, j'y prends racine, et je suis convaincu
Que je mourrai garçon, ainsi que j'ai vécu.
DANVILLE.
L'hymen a des douceurs que ta vieillesse ignore.
BONNARD.
Il a tel déplaisir qu'elle craint plus encore.
Je ne suis pas de ceux qui font leur volupté
Des embarras charmans de la paternité,
Pauvres dans l'opulence, et dont la vertu brille
A se gêner quinze ans pour doter leur famille;
De ceux qu'on voit pâlir, dès qu'un jeune éventé
Lorgne en courant leur femme assise à leur côté,
Et, geôliers maladroits de quelque Agnès nouvelle,

Sans fruit en soins jaloux se creuser la cervelle.
Jamais le bon plaisir de madame Bonnard,
Pour danser jusqu'au jour, ne me fait coucher tard,
Ne gonfle mon budget par des frais de toilette ;
Et jamais ma dépense, excédant ma recette,
Ne me force à bâtir un espoir mal fondé
Sur le terrain mouvant du tiers consolidé.
Aussi, sans trouble aucun, couché près de ma caisse,
Je m'éveille à la hausse ou m'endors à la baisse.
A deux heures je dîne : on en digère mieux.
Je fais quatre repas comme nos bons aïeux,
Et n'attends pas à jeun, quand la faim me talonne,
Que ma fille soit prête ou que ma femme ordonne.
Dans mon gouvernement despotisme complet :
Je rentre quand je veux, je sors quand il me plaît ;
Je dispose de moi, je m'appartiens, je m'aime,
Et sans rivalité je jouis de moi-même.
Célibat ! célibat ! le lien conjugal
A ton indépendance offre-t-il rien d'égal ?
Je me tiens trop heureux ; et j'estime qu'en somme
Il n'est pas de bourgeois récemment gentilhomme,
De général vainqueur, de poète applaudi,
De gros capitaliste à la Bourse arrondi,
Plus libre, plus content, plus heureux sur la terre,
Pas même d'empereur, s'il n'est célibataire.

DANVILLE.

Et je te soutiens, moi, que le sort le plus doux,
L'état le plus divin, c'est celui d'un époux
Qui, long-temps enterré dans un triste veuvage,
Rentre au lien chéri dont tu fuis l'esclavage.
Il aime, il ressuscite, il sort de son tombeau.
Ma femme a de mes jours rallumé le flambeau.
Non, je ne vivais plus : le cœur froid, l'humeur triste,
Je végétais, mon cher, et maintenant j'existe.
Que de soins! quels égards! quels charmans entretiens!
Des défauts, elle en a; mais n'as-tu pas les tiens?
Tu crains pour mes amis les travers de son âge?
J'ai deux fois plus d'amis qu'avant mon mariage.
Ma caisse dans ses mains fait jaser les railleurs!
Je brave leurs discours; je suis riche, et d'ailleurs
Une bonne action que j'apprends en cachette
Compense bien pour moi les rubans qu'elle achète.
Hortense a l'humeur vive; et moi ne l'ai-je pas?
Nous nous fâchons parfois; mais qu'elle fasse un pas,
Contre tout mon courroux sa grace est la plus forte,
Je n'ai pas de chagrin que sa gaîté n'emporte.
Suis-je seul? elle accourt; suis-je un peu las? sa main,
M'offrant un doux appui, m'abrége le chemin.
J'ai quelqu'un qui me plaint quand je maudis ma goutte;
Quand je veux raconter, j'ai quelqu'un qui m'écoute.

Je suis tout glorieux de ses jeunes attraits ;
Ses regards sont si vifs !... son visage est si frais !
Quand cet astre à mes yeux luit dans la matinée,
Il rend mon front serein pour toute la journée ;
Je ne me souviens plus des outrages du temps :
J'aime, je suis aimé, je renais, j'ai vingt ans.

BONNARD.

Quel feu !

DANVILLE.

Je veux fêter le jour qui nous rassemble ;
Au bonheur des maris nous trinquerons ensemble :
Oh ! je t'y forcerai. Tu soupes, me dis-tu ?
Admire dans ma femme un effort de vertu :
Les soupers sont proscrits, et vraiment, c'est dommage ;
Je veux qu'elle ait l'honneur d'en ramener l'usage.
Rien n'est tel pour causer que le repas du soir.
A table entre nous deux elle viendra s'asseoir.
Bientôt, cher receveur, vous la verrez paraître,
Et vous accepterez quand vous l'allez connaître.
Oui, vous que rien n'émeut, vous aurez votre tour :
Bonnard, monsieur Bonnard, vous lui ferez la cour.

SCÈNE II.

LES PRÉCÉDENS, VALENTIN.

DANVILLE.

Qu'est-ce donc, Valentin? quel air sombre?

VALENTIN.

Mon maître,

(à Bonnard.)

J'aurais à vous parler... Monsieur, j'ai l'honneur d'être.

DANVILLE.

C'est ce brave marin, mon ancien serviteur;
Tu sens bien qu'à son âge il sert... en amateur :
J'exige peu de lui, sa franchise m'amuse...
Que veux-tu?

BONNARD.

Ta bonté n'a pas besoin d'excuse;
Ma gouvernante à moi me parle sans façon.
Tous deux ont fait leur temps : un honnête garçon,
Après un long service attesté par ses rides,
A, comme un vieux soldat, des droits aux Invalides.

DANVILLE.

Qui t'amène? voyons!

VALENTIN.

Je vous l'avais bien dit
Qu'un jour...

DANVILLE.

De ce refrain le bourreau m'étourdit.

VALENTIN.

Avant votre arrivée il s'est passé des choses...

BONNARD.

Adieu, Danville.

DANVILLE.

Eh! non.

BONNARD.

Prends garde, tu t'exposes...

DANVILLE.

Que peut-il raconter? Va donc, explique-toi :
Achève.

VALENTIN.

Eh bien! madame est trop jeune pour moi.

DANVILLE.

Oui dà!

VALENTIN.

Contre mon gré, monsieur, ne vous déplaise,
Par votre ordre en courrier j'ai précédé sa chaise.

On n'apprend pas sur mer à monter à cheval.
Sur une rosse étique assis tant bien que mal,
Pour me rompre les os j'étais à bonne école.
Madame à chaque bond riait comme une folle.

DANVILLE.

En te voyant par terre, elle t'eût plaint beaucoup :
J'en suis sûr.

VALENTIN.

　　　　　Beau profit, si j'étais mort du coup!
Mais une fois ici, j'eus bien d'autres affaires :
Vieilli dans la marine à bord de vos corsaires,
Sous ces galons d'argent qu'on me fit endosser,
Au bon ton des laquais on voulut me dresser.
L'exercice est moins dur; tiens-toi; lève la tête;
Fais ceci, fais cela; maladroit! qu'il est bête!
Que sais-je?... j'en maigris : c'est un métier d'enfer,
Et j'aurais mieux aimé dix campagnes sur mer.

BONNARD.

Ce pauvre Valentin!

VALENTIN.

　　　　Et pour votre carrosse,
On m'a fait un affront.

BONNARD.

　　　　　Comment! depuis la noce
Nous n'allons plus à pied?

DANVILLE.

Il rêve.

VALENTIN.

Pas du tout :
Madame a pris voiture, et trouvait de son goût,
Pour me faire en marin terminer ma carrière,
De me loger debout sur le gaillard d'arrière.

DANVILLE.

Le grand mal!

VALENTIN.

Ne pouvant vaincre ma juste horreur,
Ne m'a-t-elle pas fait...?

DANVILLE.

Eh! quoi donc?

VALENTIN.

Son coureur.

BONNARD.

Son coureur!

VALENTIN.

A quinze ans j'étais des plus ingambes;
Mais devenir coureur quand on n'a plus de jambes!
Ce Paris! on s'y perd : le Havre tout entier,
En se pressant un peu, tiendrait dans un quartier :
Et je cours! mais je cours!... Dès que la porte s'ouvre,
Vite au Palais-Royal, du Marais vite au Louvre,

Du premier sous les toits! Et pas plus tard qu'hier
J'ai porté des secours...

DANVILLE.

Hé quoi! tu n'es pas fier
De consacrer tes pas à de pareils messages ?

VALENTIN.

Je ne suis jamais fier de monter cinq étages.
Puis à peine au logis, j'ai la serviette en main;
Des dîners!... on en a pour jusqu'au lendemain,
Ils doivent coûter cher!

BONNARD.

Ah! diable! tu te piques
De donner, quoique absent, des festins magnifiques?

DANVILLE.

Il a perdu le sens.

VALENTIN.

Je sais ce que je dis :
Vous donnez à dîner, monsieur, tous les lundis;
La veille grands apprêts : adieu notre dimanche!
Le jour que je préfère est celui qu'on retranche.

DANVILLE.

Paresseux!

VALENTIN, à Bonnard.

Vous savez...

BONNARD.
                    Tu vaux ton pesant d'or,
Je le sais, mais tais-toi.
            VALENTIN.
                Je l'ai bien dit...
            DANVILLE.
                            Encor !
            VALENTIN.
Que si le mariage entre par une porte,
Par l'autre, avant ma mort, il faudra que je sorte.
            DANVILLE.
Hé bien ! va-t'en !
            BONNARD, à Danville.
                Tout doux !
            VALENTIN.
                        Oui, je veux m'en aller.
            BONNARD.
    (à Valentin.)
Non pas ; voyons, ensemble il faut capituler :
Valentin se taira, mais consens qu'il demeure,
Pour ne servir que toi.
            DANVILLE.
                Qu'il reste.
            VALENTIN.
                        A la bonne heure.

DANVILLE, à Bonnard.

Je n'ai qu'à dire un mot et qu'à le plaindre un peu,
Ma femme en sa faveur comme toi prendra feu.

VALENTIN.

Je conviens qu'elle est bonne.

DANVILLE.

Excellente! accomplie!
Elle vient, tu vas voir... La trouves-tu jolie,
Hein! Bonnard?

BONNARD.

Bien, très bien!

SCÈNE III.

Les précédens, HORTENSE; plusieurs valets.

HORTENSE, aux valets qui la suivent.

Allez, trente couverts.
Vous, comme chez le duc, rangez vos arbres verts,
Allez. Vous, pour le soir voyez si tout s'apprête;
Trois lustres au salon, des fleurs, un air de fête...
Le beau jour! mon ami, partagez mon bonheur;
Je veux que votre hôtel demain vous fasse honneur.

188   L'ÉCOLE DES VIEILLARDS.

(saluant Bonnard.)   (à Danville.)

Je vous revois enfin!... Monsieur... Je suis ravie :
Hier de m'amuser certes j'avais envie;
Mais j'ai de vous quitter senti quelques remords;
Adieu tout mon plaisir! Je reconnais mes torts :
Embrassez-moi, pardon.

DANVILLE.

Je suis le seul coupable,

(à Bonnard.)

C'est moi qui l'ai voulu. Parle, est-on plus aimable?

HORTENSE.

Croyez qu'à l'avenir... Ah! c'est vous, Valentin :
Pour ma loge aux Bouffons vous irez ce matin;

(à Danville.)

Je veux vous y mener, vous aimez la musique.

(à Valentin.)   (à Danville.)

De là chez mon libraire... un roman qu'on critique,
Mais qu'on dit effrayant; ne vous en moquez point :
Tout ce qui me fait peur m'amuse au dernier point.

(à Valentin.)

De là chez le docteur, et puis chez le vicomte;
De là chez le glacier pour demander son compte;
Enfin chez le brodeur. Courez vite... Ah! de là...

VALENTIN.

Mes jambes me font mal quand j'entends ce mot-là.

(à Danville.)

Monsieur!...

DANVILLE.

Ma bonne Hortense, il te demande grace :
Il a droit de se plaindre : une course encor passe,
Mais vingt, mais tous les jours! il est vieux, et je doi
L'employer désormais à ne servir que moi.

HORTENSE.

Je crois que pour courir tout le monde a mon âge;
Je l'accable, c'est vrai; je veux qu'il se ménage :

(à Valentin.)

Vous êtes à monsieur, n'obéissez qu'à lui,
A lui seul.

VALENTIN.

J'en suis quitte au moins pour aujourd'hui.

DANVILLE, à Bonnard.

Qu'ai-je dit?

HORTENSE.

Par malheur ici je n'ai personne..

(à Danville.)

Un jour, encore un jour, et je vous l'abandonne..

DANVILLE.

Tu ne peux pas, mon vieux, trouver cela mauvais ;
Pour un jour, allons, va.

BONNARD, à part.

J'en étais sûr.

VALENTIN, tristement.

J'y vais.

DANVILLE, à Bonnard.

A-t-elle assez bon cœur !

(Valentin sort.)

SCÈNE IV.

LES PRÉCÉDENS, excepté VALENTIN.

DANVILLE.

Tu vois, ma chère Hortense,
Un camarade à moi, mon compagnon d'enfance,
Mon mentor au collége; élève à Mazarin,
Bonnard m'a sur les bancs disputé le terrain;
Je l'aimais à quinze ans, et je te le présente
Comme un des vrais amis que j'estime à soixante.

HORTENSE.

Monsieur m'est connu.

BONNARD.

Moi !

HORTENSE.

Votre fraternité
Fit proverbe autrefois dans l'Université.

ACTE I, SCÈNE IV.

BONNARD.

Il est sûr qu'avec lui je vivais comme un frère.

HORTENSE.

Si nous en exceptons vos débats sur Homère.

BONNARD.

Achille était son dieu.

HORTENSE.

   Vous préfériez Hector.

BONNARD.

Vous le savez?

HORTENSE.

  Bon dieu! j'en sais bien plus encor;
Danville est très causeur.

BONNARD.

    Causeur par excellence,
C'est vrai.

HORTENSE.

  Vous souvient-il de certaine imprudence
Qui lui valut de vous un superbe sermon?

DANVILLE.

Il sermonnait toujours.

BONNARD.

   Lui, c'était un démon!

HORTENSE.

D'un prix de vers latins?

BONNARD.

Madame!

HORTENSE.

D'une thèse!
Qui vous fit un honneur!

BONNARD.

C'est en soixante-treize;
Oui vraiment : quoi! madame, on vous en a parlé!
Quel charmant souvenir vous m'avez rappelé!

(à Danville.)

Elle a beaucoup d'esprit.

DANVILLE.

N'est-ce pas?

HORTENSE.

Je m'arrête;
Vos triomphes passés vous tourneraient la tête.
Mais voyez-nous souvent : en causant tous les trois,
Nous ferons reverdir vos lauriers d'autrefois.
Pour madame Bonnard, je veux aller moi-même...

BONNARD, embarrassé.

Je suis...

DANVILLE.

Il est garçon, et garçon par système.

BONNARD.

Me voilà converti.

ACTE I, SCÈNE IV.

HORTENSE.

Monsieur, prouvez-le donc :
Un garçon a parfois des momens d'abandon,
D'ennui ; venez nous voir, et que notre ménage
Vous raccommode un jour avec le mariage.

BONNARD.

Je ferai d'un tel soin mon plus doux passe-temps,
Et voudrais près de vous prolonger mes instans ;
Mais un mot très pressé que je ne puis remettre...
(bas à Danville.)
Il faudra que la somme arrive avec la lettre.

DANVILLE.

Sois tranquille. Et parbleu ! pour écrire un billet,
Tu n'es pas mieux chez toi que dans mon cabinet.
Regarde... un bureau neuf, loin du bruit des voitures,
Et ton cher Moniteur ouvert sur des brochures...
Dans peu je te rejoins.

BONNARD.

A ton aise, mon cher ;
Un caissier le dimanche est libre comme l'air ;
Souviens-toi seulement qu'à deux heures je dîne.
(bas à Danville.)
Ah ! je te félicite, et ta femme est divine.

(Il sort.)

SCÈNE V.

DANVILLE, HORTENSE.

HORTENSE, riant aux éclats.

Dieu! qu'il est amusant? Mais c'est un vrai trésor.
Il a ressuscité les mœurs du siècle d'or;
Il dîne le matin, à l'antique il s'habille,
Et j'ai cru voir marcher un portrait de famille.

DANVILLE.

Oh! n'en ris pas : je l'aime.

HORTENSE, riant toujours.

      Et quel regard vainqueur
Quand j'exaltais sa gloire!

DANVILLE.

       Oui, mais il a bon cœur;
C'est un homme excellent, rangé, sûr en affaire,
Et tu peux l'obliger.

HORTENSE, sérieusement.

    Voyons : je veux le faire.

DANVILLE.

Le jour de ton départ je t'avais confié
Cinquante mille francs; donne-m'en la moitié :

ACTE I, SCÈNE V.

Il a besoin d'argent.

HORTENSE.

Courez donc à la banque :
Je n'en saurais prêter, quand moi-même j'en manque.

DANVILLE.

Que me dites-vous là?

HORTENSE.

Ma bourse est aux abois;
C'en est fait.

DANVILLE.

En deux mois?

HORTENSE.

Mais c'est bien long deux mois.

DANVILLE.

Cinquante mille francs! comment, ma bonne amie...!

HORTENSE.

Vous ne me louez pas sur mon économie?

DANVILLE.

Ah! parbleu! c'est trop fort.

HORTENSE.

Chez moi je n'ai voulu
Rien que le nécessaire, et pas de superflu.

DANVILLE.

Comment donc, s'il vous plaît, nommez-vous ces dorures
Ces cristaux suspendus, ces vases, ces figures,

Ce fragile attirail dont on n'ose approcher,
Et ces meubles si beaux que je crains d'y toucher?
Est-ce utile? parlez...

HORTENSE.

C'est plus, c'est nécessaire.
Cet appareil pour vous n'a rien que d'ordinaire.
Vous voulez devenir receveur-général;
Logez-vous donc au ciel, et logez-vous très mal;
Qui parlera de vous, qui vous rendra visite?
L'opulence à Paris sert d'enseigne au mérite.
Étalez des trésors si vous voulez percer,
Une place est de droit à qui peut s'en passer.
Ma mère me répète : Éblouis le vulgaire,
Qu'on dise : Il est très riche, il est millionnaire;
Demandons tout alors, et nous aurons beau jeu.
J'ai voulu par le luxe en imposer un peu.
Je dis un peu; beaucoup, je me croirais coupable;
Un peu, c'est nécessaire et même indispensable.

DANVILLE.

Voilà quelques motifs qui sont d'assez bon sens;
Mais au moins ces dîners d'eux-mêmes renaissans,
Ces éternels dîners, qu'une fois par semaine
Un bienheureux lundi pour trente élus ramène,
Je les crois superflus.

ACTE I, SCÈNE V.

HORTENSE.
    Erreur! quoi! vous traitez
Mes dîners du lundi de superfluités!
Mais rien n'est plus utile, et sur cette matière
Vous êtes, mon ami, de cent ans en arrière.
Il faut avoir un jour fixé pour recevoir
Ses prôneurs à dîner, et ses amis le soir :
De nos auteurs en vogue il faut avoir l'élite;
On en fait les honneurs aux grands que l'on invite.
Aussi je vois souvent plusieurs des beaux-esprits
Dont je vous ai là-bas adressé les écrits :
Ils parlent, on s'anime, on rit, la gaîté gagne,
Et l'on a ces messieurs comme on a du champagne.
Notre siècle est gourmand, on peut blâmer son goût;
On fronde les dîners, et l'on dîne partout.
Mais n'en donner jamais, pas même un par semaine,
C'est en solliciteur vouloir qu'on vous promène.
Qui, vous, solliciteur? vous êtes candidat :
Vous ne demandez rien, vous acceptez. L'État
N'a pas dans ses bureaux de puissance intraitable
Pour l'heureux candidat qui la courtise à table;
Protégés, protecteurs, au dessert ne font qu'un :
Mais ne me parlez pas d'un protecteur à jeun.
Recevoir me fatigue, et, pour être sincère,
C'est un mal, j'en conviens, mais un mal nécessaire.

DANVILLE.

Donnez donc des dîners, madame, et donnez-les
Sans nourrir à l'office un peuple de valets,
Sans payer un cocher, et sans faire étalage
D'un grand chasseur perché derrière un équipage.
Ce carrosse, à quoi bon? Que n'a-t-il pas coûté!
Qui vous force à l'avoir?

HORTENSE.

              Qui? la nécessité.
Vous-même; oui, pour vous j'en ai fait la dépense.
Quand on est candidat, on court plus qu'on ne pense.
Visitez donc les grands, durement cahoté
Sur les nobles coussins d'un char numéroté :
Vous joûrez à leur porte un brillant personnage!
Y viendrez-vous à pied? ce n'est plus de votre âge.
De fatigue accablé, que ferez-vous le soir?
Qu'il se présente alors quelque spectacle à voir,
Eh bien! j'irai donc seule, et j'irai sans m'y plaire;
Car vous m'y forcerez. Quel plaisir, au contraire,
L'un près de l'autre assis, tête à tête, en causant,
D'aller chercher sans peine un spectacle amusant!
D'en jouir tous les deux!... Peut-être c'est faiblesse,
Mais, heureuse avec vous, j'y veux être sans cesse.
Je fis tout dans ce but, j'ai tort; mais un tel soin,
Superflu pour vous seul, est mon premier besoin.

ACTE I, SCÈNE V.

DANVILLE.

Et moi qui t'accusais! je suis touché, j'ai honte
D'avoir...

HORTENSE.

De votre argent je veux vous rendre compte :
Vous ne savez pas tout; je veux pour votre honneur,
Justifier en vous ce mouvement d'humeur.
La lecture vous plaît; d'un cabinet d'étude
J'ai su vous préparer l'aimable solitude.
Il me coûte un peu cher; mais vos auteurs chéris,
Rangés autour de vous, en couvrent les lambris.
Le duc, qui vous protége, est plein de complaisance;
Il m'a de son jardin cédé la jouissance,
Pour qui? pour vous, monsieur : ne convenez-vous pas
Qu'un jardin a pour vous de merveilleux appas?
J'ai pris soin de l'orner; sous son ombre tranquille
Vous vous reposerez du fracas de la ville.
On ne fait rien pour rien; mais qu'importe le prix?
Vous aurez la campagne au milieu de Paris.
Votre orgueil conjugal jouit de ma parure :
J'ai fait des frais pour lui, c'est complaisance pure.
J'ai choisi les couleurs que vous aimez le mieux,
Les bijoux dont l'éclat flatte le plus vos yeux;
De tout ce qui vous plaît je me suis embellie,
Et rien ne m'a coûté pour vous sembler jolie.

Mes crimes, les voilà. Voyons, recommencez,
Courage, grondez-moi... Mais non, vous faiblissez,
Le repentir vous prend, et, si je ne m'abuse,
Vous sentez que vous seul avez besoin d'excuse;
Demandez-moi pardon d'un injuste courroux,
Et vous l'aurez, méchant, car je vaux mieux que vous.

DANVILLE.

Oui, tu vaux mieux cent fois. Pardonne, mon Hortense;
En vain l'âge entre nous a mis quelque distance,
Tes procédés pour moi me la font oublier,
Et devant tant d'amour je dois m'humilier.

SCÈNE VI.

Les précédens; madame SINCLAIR.

MADAME SINCLAIR.

Embrassez-la, c'est bien; mais hâtez-vous, mon gendre,
Je l'emmène.

DANVILLE.

Comment?

HORTENSE.

Ma mère, on peut attendre...

MADAME SINCLAIR.

Non pas; sur une emplette il me faut ton conseil,
Et nous profiterons d'un rayon de soleil
Pour notre promenade...

DANVILLE.

Où donc?

MADAME SINCLAIR.

Aux Tuileries,
Le temple de la mode et des galanteries,
L'école des grands airs. Sa grace, heureux époux,
Dans ce brillant séjour, vous fait mille jaloux;
Sa marche est un triomphe, on la suit; on l'admire...

HORTENSE, à Danville.

Ah! venez avec nous.

MADAME SINCLAIR.

Hortense a dû vous dire
Qu'on vous attend, mon cher, chez le premier commis.

DANVILLE.

Qui! moi? quand ce devoir d'un jour serait remis,
Qu'importe?

HORTENSE, gravement.

La démarche est des plus nécessaires.

(plus bas.)

Et le banquier?

DANVILLE.

C'est juste!

MADAME SINCLAIR.

Avant tout les affaires.

DANVILLE.

Mais...

HORTENSE.

Au revoir, Danville.

DANVILLE.

Encore un mot!

MADAME SINCLAIR.

Bonjour;
Elle sera rentrée avant votre retour.

SCÈNE VII.

DANVILLE, seul.

La, nous causions si bien, me quitter de la sorte!...
Aussi j'avais des torts. Pourtant la somme est forte.
Au Havre, à ce prix-là, j'aurais eu deux maisons;
Mais elle m'a donné d'excellentes raisons.
Ayons soin que Bonnard ignore l'aventure;

ACTE I, SCÈNE VII.

Courons vite : est-ce heureux d'avoir une voiture !

(regardant par la fenêtre.)

Tiens, ma femme l'a prise... Ah, bah ! j'aime à marcher.
L'exercice m'est bon, je vais me dépêcher ;
Pour la revoir plus tôt soyons infatigable.
Il faut en convenir, ma femme est bien aimable !

FIN DU PREMIER ACTE.

ACTE DEUXIÈME.

SCÈNE I.

DANVILLE, MADAME SINCLAIR.

DANVILLE.
Non, vos façons d'agir ne me vont pas du tout,
Et les courses à pied sont fort peu de mon goût.
MADAME SINCLAIR.
Vous prendrez la voiture. Eh bien, votre visite?
DANVILLE.
Je ne la veux pas faire, et vous m'en tiendrez quitte.
MADAME SINCLAIR.
Vous avez de l'humeur?
DANVILLE.
Beaucoup, et j'ai raison :
Je vais chez deux banquiers; mais l'un dîne à Meudon,

L'autre est à Saint-Germain. Je cours chez mon notaire ;
Monsieur, jusqu'à lundi, se délasse à Nanterre.
Quand on meurt le dimanche, on peut apparemment
Remettre au lendemain pour faire un testament.

MADAME SINCLAIR.

Le dimanche à Paris n'est pas un jour commode.

DANVILLE.

Et puis vantez-moi donc vos jardins à la mode !
Curieux comme un sot, ou poussé par l'orgueil,
J'y vais, pour voir ma femme et jouir du coup d'œil ;
Je ne sais quel démon m'avait mis dans la tête
De régaler mes yeux d'un plaisir aussi bête.
J'entre ; un pareil délire a de quoi m'étonner :
Dans un jardin immense on peut se promener,
On ne suit qu'une allée, une seule ; et laquelle ?
J'en ai bien compté dix, dont la moindre est plus belle,
Mais personne n'y va ; non : Paris tout entier
Vient s'entasser en long dans un petit sentier.
Quelle foule ! on s'étouffe ; et là, je vois Hortense,
A travers un rempart qui me tient à distance,
Et sans artillerie on n'aurait pu percer
Ce cortége autour d'elle ardent à s'amasser.
Je marchais, j'enrageais, j'avais beau faire un signe,
Deux, trois ; bon ! d'un regard un mari n'est pas digne ;
Et revenant toujours et toujours écarté,

Et molesté, heurté, porté, presque insulté;
Je m'enfuis tout en eau, je me sauve, j'arrive;
Et qu'ai-je fait?... j'ai vu ma femme en perspective.

MADAME SINCLAIR.

Mais quel triomphe aussi! de quoi vous plaignez-vous?
On adopte un chemin que l'on préfère à tous,
Les autres sont déserts, la raison en est bonne :
Si personne n'y va, c'est qu'on n'y voit personne.
On se promène ailleurs; à Paris, c'est bien mieux,
On vient se faire voir; donc on cherche les yeux.

DANVILLE.

Mais quel est ce jeune homme, heureux à sa manière,
Qui d'un si bon courage avalait la poussière,
Que ma femme écoutait, qui ramassait son gant,
Qui...?

MADAME SINCLAIR.

C'est le duc d'Elmar : hein! qu'il est élégant!
On le croirait chez lui. Quel ton! dans son aisance
Perce un air de grandeur qui vous séduit d'avance.
Qu'un négligé de cour lui sied bien à mon gré!
Sous le signe éclatant dont il est décoré,
Quand ma fille a son bras, que je trouve de charmes
A voir chaque soldat leur présenter les armes!
C'est glorieux pour vous.

DANVILLE.

Je vous suis obligé,
Mais je ne vois pas là le grand honneur que j'ai.
Ils sont liés?...

MADAME SINCLAIR.

Bien plus depuis notre voyage.

DANVILLE.

Il la connaissait donc avant mon mariage?

MADAME SINCLAIR.

Sans doute ; auprès du Havre il vint passer l'été,
Et rendit comme un autre hommage à sa beauté.
Je sus, quand il partit, saisir la circonstance ;
Appelant ses bontés sur le père d'Hortense,
Je parlai d'un retour, impossible aujourd'hui ;
Le duc fera pour vous ce qu'il eût fait pour lui.
Nous nous sommes revus par un bonheur unique :
Je cherchais un hôtel, c'est le sien qu'on m'indique.
Le hasard fait chez lui vaquer un logement,
Celui-ci ; c'est heureux.

DANVILLE.

Oui, ma foi, c'est charmant!

MADAME SINCLAIR.

Pour comble de bonheur, son oncle est aux Finances ;
Le duc à lui tout seul vaut deux ou trois puissances.
Pour vous, grace à nos soins, le voilà très zélé ;

Mais de vos soixante ans nous n'avons point parlé.
Par son âge souvent la vieillesse indispose,
Et l'on croit qu'un vieillard n'est pas propre à grand'chose.

DANVILLE.

Merci !

MADAME SINCLAIR.

Mais vous pouvez cacher dix ou douze ans.

DANVILLE.

Non, vos honneurs pour moi ne sont plus séduisans ;
J'entrevois des dangers à trop courir les places.

MADAME SINCLAIR.

Lesquels ? à pleines mains le duc répand les graces.
Courage ; Hortense et moi nous avons du crédit.
Le duc me rend des soins dont tout bas on médit :
J'ai sa loge aux Français quand un acteur débute.
Pour les Chambres, j'y vais les jours où l'on dispute.
J'ai vu dans leur splendeur les quarante immortels
Et suivi par plaisir deux procès criminels.
Le duc me conduisait ; et quand j'étais rentrée,
Ici, loin du grand monde, il passait la soirée.

DANVILLE.

C'est vous qu'il venait voir ?

MADAME SINCLAIR.

Au point qu'on s'en moquait.
Un jour que j'étais seule, il a fait mon piquet.

Je dis seule, ma fille était là, mais qu'importe?...
DANVILLE.
Il importe beaucoup, et j'agirai de sorte
Que ces vastes salons ne soient plus encombrés
De tous vos beaux messieurs titrés ou non titrés,
Et qu'Hortense, loin d'eux, cherche dans son ménage
Un plaisir moins bruyant qui convienne à mon âge.
Que fait-elle? en visite elle a perdu ses pas
Chez des gens très connus, que je ne connais pas;
Et par respect humain, pour briller, asservie
A de frivoles soins qui surchargent sa vie,
De peur que mon bonheur ne me fît des jaloux,
Elle a vu tout le monde, excepté son époux.
Moins d'éclat, plus d'égards. Ai-je pris une femme
Pour illustrer monsieur du bruit que fait madame,
Rester veuf à sa suite avec vos bons maris,
Ou pour en décorer les jardins de Paris?
Dites-lui, s'il vous plaît...
MADAME SINCLAIR.
                     Vous parlerez vous-même.
Je vous trouve aujourd'hui d'une injustice extrême;
Et je ne vois pas, moi, le mal assez urgent
Pour me charger d'un soin qui n'est point obligeant.
Je vous laisse y rêver, et ne sais pas, mon gendre,
Supporter une humeur que je ne puis comprendre.

SCÈNE II.

DANVILLE, seul.

Je hasarde un conseil ; mais qu'il soit sage ou non,
N'importe : elle est grand'mère, et veut avoir raison,
Ne voit de mal à rien, tant sa tête est frivole;
Et sa petite-fille est pour elle une idole.
Elle a beau se placer entre ma femme et moi,
Moi, je veux me fâcher, car le duc... Hé bien, quoi?
Ce duc perdra ses pas, et le mieux est d'en rire...
Ah! ce duc me tourmente. On vient; mon Dieu! que dire?
Bonnard, et pas d'argent !

SCÈNE III.

DANVILLE, BONNARD.

BONNARD, sa montre à la main.
                Sais-tu qu'il est très tard ?
Deux heures à ma montre, et tiens, déjà le quart.

Bien que du Moniteur la lecture soit bonne,
Je n'ai pas pu finir ma septième colonne;
Mon cher, je meurs de faim.

DANVILLE.

Pardon, j'étais dehors...

BONNARD.

Tu ne tiens plus chez toi, tu t'amuses, tu sors,
Et ton ami Bonnard, va, grace à ta sortie,
Trouver son dîner froid et la poste partie.
Je t'ai laissé le temps de voir ton trésorier.

DANVILLE, à part.

Si j'accuse ma femme, il va se récrier.

BONNARD.

Mon argent? Hâtons-nous.

DANVILLE.

Je te dirai...

BONNARD.

Non, donne;
Ne me dis rien.

DANVILLE.

Il faut... c'est que... je n'ai personne
Pour...

BONNARD.

Appelle madame, ou fais-moi la faveur
De me signer pour elle un billet au porteur.

DANVILLE.

Elle a, je l'oubliais, payé certaine somme...
Quel intérêt si grand t'inspire ton jeune homme?

BONNARD.

Qu'entends-je?

DANVILLE.

Un étranger!

BONNARD.

Tu le connais.

DANVILLE.

Qui? moi?

BONNARD.

Cet étranger, mon cher, n'en est pas un pour toi.

DANVILLE.

Comment, et de son nom tu m'as fait un mystère?

BONNARD.

C'est qu'il m'a défendu de le dire à son père.

DANVILLE.

Dieu! ce serait...?

BONNARD.

Ton fils. D'après sa volonté,
Je n'ai dû le nommer qu'à toute extrémité.
Par lui, depuis long-temps, je savais ton histoire;
Ton silence avec moi n'est pas trop à ta gloire,
Et j'ai voulu tantôt te donner l'embarras

De m'apprendre un hymen que je n'ignorais pas.
####### DANVILLE.
C'est mon fils!
####### BONNARD.
Oui vraiment.
####### DANVILLE.
Mon fils dans la détresse!
Et ce n'est pas à moi que d'abord il s'adresse!
Il va chercher un tiers!
####### BONNARD.
Ah! qu'est-ce que tu veux!
Il faut toujours qu'un tiers se place entre vous deux;
Du moins il me l'écrit, et ce tiers-là le gêne :
Voilà ce qu'après soi le mariage amène.
La femme et les enfans sont rarement d'accord,
A l'un des deux partis il faut qu'on donne tort;
Deux beaux yeux plaident bien, et le juge préfère
Le bonheur de l'époux au devoir du bon père.
####### DANVILLE.
Mais mon fils est un fou!
####### BONNARD.
Pourquoi l'avoir quitté?
Instruit d'hier au soir, que n'ai-je pas tenté?
J'ai pour combler le vide épuisé bien des bourses;
Restent vingt mille francs, et je suis sans ressources :

Toi seul peux le sauver.

DANVILLE.

Ah! voyage maudit!
Ah! ma femme, ma femme!

BONNARD.

Hein?

DANVILLE.

Quoi? je n'ai rien dit.

(après une pause.)
Bonnard, mon cher Bonnard!

BONNARD.

Tu me fais peur: abrége;
C'était, je m'en souviens, ton exorde au collége,
Quand dans un mauvais pas tu voulais m'engager.

DANVILLE.

Tu dois avoir des fonds, et tu peux m'obliger.

BONNARD.

Un caissier n'en a point: quand il prête, il s'expose;
Le public ne sait pas de quels fonds il dispose.

DANVILLE.

J'en réponds.

BONNARD.

Non.

DANVILLE.

L'argent te rentrera demain.

BONNARD.

Non, non.

DANVILLE.

Sauve mon fils : allons, toi, son parrain,
Mon bon, mon vieil ami !

BONNARD.

Tu plaides comme un ange ;
Mais quand on m'attendrit, moi, cela me dérange.

DANVILLE.

Bonnard, mon cher Bonnard !

BONNARD.

J'aurai tort ; c'est égal,

(il s'en va et revient.)

Je trouverai l'argent... Mais je dînerai mal.

DANVILLE.

Nous en souperons mieux.

BONNARD.

Tiens la chose secrète.

(Il revient.)

Adieu... C'est qu'il y va, mon cher, de ma recette.

DANVILLE.

Sois sans crainte... A propos, tu m'as parlé, je crois,
Du jeune duc d'Elmar?

BONNARD.

J'ai l'ai vu quelquefois :

Très galant, beau danseur, tirant fort bien l'épée,
Redoutable aux maris par plus d'une équipée...

DANVILLE.

Redoutable aux maris !

BONNARD.

     D'autant plus dangereux,
Qu'il aime comme un fou, quand il est amoureux ;
Et le monde prétend qu'une femme jolie
Ne peut voir sans pitié qu'on l'aime à la folie.
On le plaint, et ma foi... qu'as-tu donc?

DANVILLE.

        Rien du tout.

BONNARD.

La femme qui lui plaît le rencontre partout ;
Dans les jardins publics...

DANVILLE.

   Ah ! oui.

BONNARD.

       Dans les spectacles.

DANVILLE.

Mais les maris sont là.

BONNARD.

    Bon ! il rit des obstacles :
Quelquefois il fait mieux, il place les maris ;
Il les place très bien ; mais Dieu sait à quel prix !

Tu m'entends.

DANVILLE.

Oh! de reste!

BONNARD.

Enfin tu vois du monde;
Crois-moi, j'ai pour ta femme une estime profonde.
Mais ne le reçois pas.

DANVILLE.

Non, je te le promets.

UN LAQUAIS.

Monsieur le duc d'Elmar.

BONNARD.

Tu le vois donc?

DANVILLE.

Jamais.
S'il vient, c'est pour affaire, au moins, pas davantage.

BONNARD, en souriant.

Ou bien, c'est qu'en montant il s'est trompé d'étage.

SCÈNE IV.

DANVILLE, BONNARD, LE DUC D'ELMAR.

LE DUC D'ELMAR.
Eh! c'est monsieur Bonnard, enchanté de le voir!
Le ministre en riant me disait hier soir :
Parbleu! monsieur Bonnard ne le cède à personne;
C'est un esprit exact qu'aucun chiffre n'étonne;
Pour le trouver en faute il faut qu'on soit sorcier,
Et, comme on naît poète, il était né caissier.
BONNARD.
Ah! monsieur! que d'honneur me fait Son Excellence!
C'est vrai, je sais d'un compte établir la balance.
Dame! après quarante ans!...Mais pardon...
LE DUC.
         Vous sortez
Pour revoir si vos fonds sont bien ou mal comptés;
Et grace au saint effroi qui pour eux vous tourmente,
Jamais de votre caisse un denier ne s'absente.
Bravo, monsieur Bonnard!

BONNARD, au duc.

Merci du compliment.

(à Danville.)

Dis donc, pour me le faire il prend bien son moment!

DANVILLE, à Bonnard.

Du courage! à ce soir.

SCÈNE V.

DANVILLE, LE DUC D'ELMAR.

DANVILLE, au duc.

Monsieur veut quelque chose?...
C'est madame Sinclair qu'il vient voir, je suppose?

LE DUC.

Et madame sa fille, elle n'est pas ici?

DANVILLE.

Non, je l'attends.

LE DUC.

Alors, je vais l'attendre aussi;

(à part.)

Quel est donc ce monsieur?

DANVILLE, à part.

A merveille! il demeure.

ACTE II, SCÈNE V.

LE DUC.

J'y songe; pour la voir j'avais mal choisi l'heure;
Elle est chez la baronne.

DANVILLE.

Ah!... cela se peut bien.

(à part.)

Il sait où va ma femme, et moi je n'en sais rien.

LE DUC.

Monsieur est depuis peu dans notre grande ville?

DANVILLE.

D'hier.

LE DUC.

Il est ami de madame Danville?

DANVILLE, en souriant.

Je lui tiens de plus près.

LE DUC.

Parent?... ah! je m'en veux!
Oui, je n'en doute plus; que je m'estime heureux!
A cet air respectable ai-je pu méconnaître...?

DANVILLE.

Quoi! je vous suis connu?

LE DUC.

Pouvez-vous ne pas l'être?
Recevez donc ici mon juste compliment :
Oui, madame Danville est un objet charmant;

Aussi j'avais trouvé certain air de famille...
Vous avez là, monsieur, une adorable fille!

DANVILLE.

Moi! comment?

LE DUC.

Heureux père! ah! je suis attendri.

SCÈNE VI.

DANVILLE, LE DUC, HORTENSE.

HORTENSE.

Eh quoi! monsieur le duc seul avec mon mari!

LE DUC.

(à part.)   (haut.)
Son mari!... Qu'il m'est doux de rencontrer si vite
L'homme dont ce matin j'ai vanté le mérite!
Mais il ne me doit rien, je l'avoue, et ses droits
Plaidaient en sa faveur cent fois mieux que ma voix.
Est-ce aux gens tels que lui qu'on peut faire des graces?
Si le mérite seul avait marqué les places,
Monsieur, à meilleur titre usant du droit que j'ai,
Serait le protecteur et moi le protégé.

ACTE II, SCÈNE VI.

HORTENSE.

Jamais monsieur le duc ne dit rien que d'aimable.

LE DUC.

Ce discours n'est que juste.

DANVILLE.

Il m'est trop favorable;
Aussi me touche-t-il comme il doit me toucher.
Mais je crois qu'au ministre on ne doit rien cacher;
J'ai déjà soixante ans....

LE DUC, vivement.

C'est l'âge qu'il préfère,
Et c'est un vrai présent que je m'en vais lui faire.
Depuis près de dix jours madame m'a promis
D'embellir chez mon oncle une fête entre amis.
Elle vous attendait, ma mémoire est fidèle.
J'ai reçu sa parole et pour vous et pour elle.
Venez donc, c'est au bal qu'il faut solliciter.
Chez mon oncle, ce soir, je veux vous présenter;
C'est conclu : ma voiture ensemble nous y mène,
Et...

DANVILLE.

Je suis fatigué, monsieur, j'arrive à peine.

HORTENSE.

Le bal délasse.

L'ÉCOLE DES VIEILLARDS.

DANVILLE.

Et puis, moi-même je reçois.

HORTENSE.

Qui? votre ami Bonnard, ce monsieur d'autrefois.

DANVILLE.

Monsieur l'estime fort.

HORTENSE.

Et conviendra, je gage,
Que du siècle passé c'est la vivante image.

LE DUC, en riant.

Madame...

DANVILLE.

Il vient ce soir.

HORTENSE.

Pour le recevoir mieux,
Avez-vous invité quelqu'un... de vos aïeux?

DANVILLE.

Hortense!

HORTENSE.

C'est fini. Paix; allons, je plaisante;
On croirait, à vous voir, que je suis médisante.
(au duc.)
Le suis-je? Jugez-nous.

DANVILLE.

Brisons là.

ACTE II, SCENE VI.

HORTENSE.

                      Non, je veux
Que le duc aujourd'hui soit juge entre nous deux.

DANVILLE, à part.

J'ai peine à me contraindre.

LE DUC, sérieusement.

                     Excusez-moi, madame :
Mais je ne puis trahir le penchant de mon ame.
Encore un coup, pardon : j'aime monsieur Bonnard ;
C'est la probité même ; oui, c'est un homme à part,
Un esprit hors de ligne, et dès qu'un mot l'offense,
On me voit des premiers voler à sa défense.

DANVILLE, enchanté, et regardant sa femme.

Très bien, monsieur le duc!

LE DUC.

                    Mais si l'on n'a lancé
Qu'un trait dont son honneur ne puisse être blessé ;
Si l'on a dit... eh quoi? qu'il vit en patriarche,
Qu'il dîne encore à l'heure où l'on dînait dans l'arche,
Ou quelqu'un de ces mots qui seuls sont des portraits,
Que madame rencontre et que je chercherais,
Quel mal cela fait-il? C'est s'amuser, c'est rire,
C'est se jouer de rien ; mais ce n'est pas médire.

HORTENSE, en regardant son mari.

Oh! le duc a raison.

LE DUC, à Danville.

    Monsieur, moins de rigueur ;
La conversation périrait de langueur
Sans ce tour amusant qu'un esprit fin lui donne ;
 (montrant Hortense.)
Tout le monde y perdrait, et vous plus que personne.

DANVILLE.

Je n'en disconviens pas ; mais brisons sur ce point.

LE DUC.

Et pourquoi votre ami ne vous suivrait-il point ?

HORTENSE.

Sans doute !

DANVILLE.

    Un patriarche a l'humeur sédentaire,
Et s'arrange assez peu d'un bal au ministère.
D'ailleurs, souper ensemble est pour nous un bonheur.

HORTENSE, en riant.

Souper ! il vient souper ?

DANVILLE, à sa femme avec dignité.

    Il nous fait cet honneur.
 (au duc.)
Bien que de refuser mon regret soit extrême,
Trouvez bon qu'à mon tour j'en appelle à vous-même ;
Monsieur, vous m'approuvez, et, connaissant Bonnard,
Vous me reprocheriez de traiter sans égard

L'ami qui m'est lié par un commerce intime,
Et que vous honorez d'une si haute estime.

LE DUC.

Cette excuse m'arrête, et je n'ose insister;
Mais, madame, parlez : qui peut vous résister?
J'implore en m'éloignant cet appui tutélaire,
Ou je vais de mon oncle encourir la colère.
Monsieur, vous céderez, et moi, dans cet espoir,
Je viendrai, s'il vous plaît, m'en assurer ce soir.

SCÈNE VII.

DANVILLE, HORTENSE.

HORTENSE.

Vous irez au bal.

DANVILLE.

Non.

HORTENSE.

Vous irez, j'en suis sûre.

DANVILLE.

Je vous promets que non.

HORTENSE.

Si fait.

DANVILLE.
Non, je vous jure.

HORTENSE.

Eh! pourquoi, sans raison, vous priver d'y venir?

DANVILLE.

C'est que ce plaisir-là ne peut me convenir.

HORTENSE.

Mais quel est le motif de cette répugnance?

DANVILLE.

Pouvez-vous m'accorder un moment d'audience?

HORTENSE.

Moi!

DANVILLE.

Depuis mon retour, des soins plus importans,
Des amis plus heureux s'arrachaient vos instans;
Et las de renfermer ce que je veux vous dire,
J'ai cru dans mon dépit qu'il faudrait vous l'écrire;
Mais, puisqu'il m'est permis d'en décharger mon cœur,
Je vous le dis tout net : ce petit air moqueur
Pour mon ami Bonnard m'offense et me chagrine.
Le besoin de briller à tel point vous domine,
Qu'avec un jeune fou je vous vois de moitié
Contre ce digne objet d'une ancienne amitié.
Vous riez du bonhomme; eh oui! c'est un bonhomme,
Un bonhomme que j'aime; et plus d'un, qu'on renomme,

Dont l'honneur fait grand bruit, dont l'esprit est vanté,
N'a ni son noble cœur, ni sa franche gaîté.
On l'attaque lui seul, et tous deux on nous blesse ;
Et chaque trait piquant lancé sur sa vieillesse
Ne peut devant un tiers l'immoler aujourd'hui,
Sans retomber sur moi, qui suis vieux comme lui.

HORTENSE.

Mais le duc vous l'a dit, ce n'est qu'un badinage ;
Et le duc, à mon sens, raisonnait comme un sage.

DANVILLE.

Votre duc ! il me choque au suprême degré.
Je connais peu de gens qui ne soient à mon gré ;
Mais lui, de me déplaire il a le privilége.
Me croit-il, ce monsieur, dupe de son manége ?
Ce zèle officieux qu'il fait sonner si fort,
Cet air de vous blâmer, pour mieux me donner tort,
Tout ce jeu me déplaît. Pour des raisons sans nombre,
Il n'est pas bon qu'un duc soit là comme votre ombre.
La réputation d'une femme de bien
Dans la communauté ne compte pas pour rien ;
Et, s'il n'est défendu contre tous, à toute heure,
Ce fruit de tant de soins en un instant s'effleure.
Il ne faut qu'un jeune homme un peu trop assidu,
Que le discours d'un sot par un autre entendu ;
Le mal est déjà fait : le mensonge circule ;

La femme est méprisée, et l'époux ridicule ;
Et trente ans de vertu, loin du monde et du bruit,
Ne sauraient réparer ce qu'un jour a détruit.

HORTENSE.

Pour quel écrit moral faites-vous ce chapitre?
Mais dans un autre temps vous m'en direz le titre.
Irez-vous à ce bal où l'on veut vous avoir?

DANVILLE.

Non, je vais chez les gens que je peux recevoir.

HORTENSE.

Mais le duc vient chez vous.

DANVILLE.

      C'est trop de complaisance.
Qu'il daigne à l'avenir m'épargner sa présence.
Il me fait un honneur dont je suis peu flatté.
Rien de mieux, j'en conviens, qu'un beau nom bien porté ;
A sa juste valeur j'estime la noblesse.
Qu'on reçoive chez soi marquis, duc et duchesse,
C'est bien, si l'on est duc, et je ne le suis pas.
Ma maison me convient ; mais, si je risque un pas
Dans ce cercle titré dont l'éclat vous transporte,
A cent devoirs fâcheux je cours ouvrir ma porte.
Mon appétit s'en va, lorsque je vois siéger
Tout l'ennui des grands airs dans ma salle à manger.
Ma langue est paresseuse à rompre le silence,

ACTE II, SCÈNE VII.

S'il faut, au lieu de Vous, dire Votre Excellence,
Ou, Mécène du jour, flatter les favoris
De l'Apollon bâtard qu'on adore à Paris.
Je ne sais pas encor de quel air on écoute
Vos auteurs nébuleux auxquels je n'entends goutte,
Et tout leur bel esprit ne fait que m'étourdir,
Moi, qui cherche à comprendre avant que d'applaudir.
De traiter ces messieurs j'aurais eu la manie,
Si j'étais assez sot pour me croire un génie ;
Mais, grace à du bon sens, je sais ce que je vaux.
Jouissez sans fracas du fruit de mes travaux,
Avec de bonnes gens, des gens qu'on puisse entendre,
Qui de leur nom pour nous n'aient pas l'air de descendre,
Qui ne m'observent pas pour me prendre en défaut
Si je parle sans gêne ou si je ris trop haut,
Et ne croient pas me faire une grace infinie
En me trouvant chez moi de bonne compagnie.
Voilà mes gens ; voilà les amis que je veux,
Sûr qu'ils seront pour moi ce que je suis pour eux.

HORTENSE.

Revenons à ce bal, et jugez mieux la chose.
Ce n'est pas un plaisir qu'ici je vous propose ;
Mais c'est une démarche, et voyez le grand mal
De passer pour affaire une heure ou deux au bal.
Il faut faire sa cour : voilà comme on prospère ;

Mais vous, de vous placer vraiment je désespère.

DANVILLE.

Eh! ne me placez pas, madame; laissez-moi,
Heureux avec la foule, y vieillir sans emploi.
J'y suis libre; il vaut mieux, receveur des plus minces,
Toucher ses revenus que ceux de dix provinces;
Et je ne veux pas, moi, pour me hausser d'un cran,
Vendre ma liberté cent mille écus par an.

HORTENSE.

Eh bien, comme au spectacle, allez à cette fête;
Pour moi, la, voulez-vous? Venez, j'en perds la tête :
Que d'objets, que de gens inconnus jusqu'alors!
Tous les ambassadeurs, des maréchaux, des lords,
Des artistes, la fleur de la littérature;
Des femmes! Quel éclat! quel goût dans leur parure!
Dieu! les beaux diamans!... et c'est ce soir! j'irai,
Oui, j'irai, nous irons, monsieur, ou j'en mourrai.

DANVILLE.

Non, vous n'en mourrez pas, et vous verrez, ma chère,
Qu'on peut avec Bonnard, bien qu'il ne danse guère,
Passer le soir gaîment, sans façon, sans apprêts,
Souper même au besoin, et vivre encore après.

HORTENSE.

Voulez-vous sans pitié chagriner votre Hortense ?
Me tiendrez-vous rigueur?...Eh! quelle est mon offer

ACTE II, SCÈNE VII.

Moi, qui n'ai fait qu'un vœu, celui de vous revoir,
Faut-il en arrivant me mettre au désespoir?
Avec monsieur Bonnard ai-je été trop méchante?
Jamais je ne veux l'être; il me plaît, il m'enchante,
Je l'aime, il m'aimera, je lui ferai ma cour;
Mais pas ce soir, oh non! plus tard, un autre jour,
Demain... c'est arrangé, vous acceptez l'échange :
Danville, mon ami, mon cher époux, mon ange,
Soyez bon, grace, allons, cédez...

DANVILLE, avec effort.

Non, je ne puis.

HORTENSE, en pleurant.

Que je suis malheureuse! ô ciel! que je le suis!

DANVILLE, attendri.

Elle pleure, ah! mon Dieu!

HORTENSE, hors d'elle-même.

C'est un acte arbitraire;
C'est une tyrannie, et je dois m'y soustraire.
Je me révolte enfin; vous croyez sans raison
Dans votre hôtel désert me garder en prison;
Non : avec votre ami vous serez seul à table.
Non, non : je le déteste, il m'est insupportable.
Mais entre deux époux le pouvoir est égal :
Restez, monsieur, ma mère est invitée au bal;
Une fille est au mieux sous l'aile de sa mère,

Et j'irai malgré vous au bal du ministère,
Et j'irai de bonne heure, et j'en reviendrai tard,
Et je ne verrai pas votre monsieur Bonnard,
Et vous ne pourrez pas m'enterrer toute vive
Dans l'ennuyeux souper d'un si triste convive.

DANVILLE, en fureur.

Vous irez, dites-vous? malgré moi vous irez?
Je vous le défends.

HORTENSE.

Bon!

DANVILLE.

Nous verrons.

HORTENSE.

Vous verrez.

DANVILLE.

Madame, pensez-y : l'ordre est irrévocable;
De supplications il se peut qu'on m'accable...

HORTENSE.

Non, monsieur.

DANVILLE.

Mais, dût-on m'implorer à genoux,
Ni prières, ni pleurs, n'obtiendront rien pour vous.

HORTENSE.

Oh! le méchant mari!

ACTE II, SCÈNE VII.

DANVILLE.

Fi! l'affreux caractère!
Dans mon appartement courons fuir sa colère.

HORTENSE.

Allez : loin d'un tyran qui me veut opprimer,
Dans le mien, comme vous, je cours me renfermer.
Adieu, monsieur!

DANVILLE.

Adieu! respectez ma défense.

(après une pause.)

L'agréable entrevue après deux mois d'absence!

FIN DU DEUXIÈME ACTE.

ACTE TROISIÈME.

SCÈNE I.

HORTENSE, à un domestique qui la suit.

Retournez vers monsieur.
   (Le domestique sort.)
     Il veut m'entretenir,
Et par ambassadeur il m'en fait prévenir.
Qu'il vienne; je suis prête. Il s'attend à des larmes;
Mais il va pour le bal me trouver sous les armes.
J'ai tout dit à ma mère avec sincérité;
Elle a mis, comme moi, les torts de son côté.
Ces fleurs sont de bon goût... Il me traite en esclave;
Il croit m'intimider; faux calcul : je suis brave.
Je ne cèderai pas. Courage! le voici.

SCÈNE II.

DANVILLE, HORTENSE.

DANVILLE, dans le fond.

La brillante toilette! et qu'elle est bien ainsi!
(il s'approche.)
A me désobéir vous êtes décidée,
Hortense, je le vois.

HORTENSE.

Chacun a son idée;
La vôtre est de rester, la mienne est de sortir.

DANVILLE.

Vous n'avez nul remords ?

HORTENSE.

Qui? moi! nul repentir.

DANVILLE.

Un reste de dépit vous rend presque hautaine.

HORTENSE.

Du dépit! du dépit! dites mieux : de la haine.

DANVILLE.

Ah! c'est aller bien loin.

ACTE III, SCÈNE II.

HORTENSE.

Non, monsieur, j'ai pour vous...

(à part.)

Je ne m'attendais pas à le revoir si doux.

DANVILLE.

J'ai long-temps réfléchi depuis notre querelle.
La colère, à votre âge, est assez naturelle;
Mais, au mien, la raison doit parler sans fureur;
La raison qui s'emporte a le sort de l'erreur.
Ma justice à vos yeux tiendrait de la vengeance :
Je me punirai seul, et c'est par votre absence.
Goûtez un plaisir pur, puisqu'il sera permis;
Allez au bal, allez, et soyons bons amis;
Voulez-vous?

HORTENSE.

Mais...

DANVILLE.

Allez seule avec votre mère...
Elle a dû, comme vous, me trouver bien sévère :
Contre deux ennemis je n'avais pas beau jeu;
Avez-vous dit de moi beaucoup de mal?

HORTENSE.

Un peu.

DANVILLE.

Vous n'en penserez plus, et cela me console.

S'il a pu m'échapper un ordre, une parole,
Un regard qui vous blesse, il faut tout oublier.
J'ai mon excuse aussi : Bonnard est singulier,
D'accord ; mais, quand d'un ton qu'il ne méritait guère,
Sur des travers légers vous lui faisiez la guerre,
C'était à l'instant même où, malgré son effroi,
En me rendant service, il s'exposait pour moi.

HORTENSE.

Comment ?

DANVILLE.

   C'est un secret.

HORTENSE.

       C'est un secret ? ah ! dites,
Dites, j'oublîrai tout.

DANVILLE.

    Ces brillans parasites
Que ma table nourrit à vous conter des riens,
Vivent à mes dépens, et lui, m'oblige aux siens.
Mon fils dans ses calculs a manqué de sagesse ;
J'aurais dû le prévoir ; mais, tout à ma tendresse,
Laissant sa jeune tête agir à l'abandon,
Pour vous j'ai compromis sa fortune et mon nom.
Sans argent, grace à vous, Hortense, que serait-ce
Si Bonnard n'eût prêté... peut-être sur sa caisse !
De tous les receveurs Bonnard le plus craintif,

Bonnard dont sur ce point l'honneur est si rétif,
D'un courage héroïque a vaincu son scrupule,
Il a sauvé mon fils!... est-il si ridicule?

HORTENSE.

Non, non, de mes amis aucun n'eût fait cela;
Plus que tous leurs discours j'admire ce trait-là.
Il n'est pas de bon mot qui vaille un bon office;
Mais votre femme aussi peut faire un sacrifice.
Ce bal où sous vos yeux je dansais en espoir,
Ce bal, il fut huit jours mon rêve chaque soir;
Huit jours, à mon réveil, ma première pensée :
Eh bien! je n'irais pas quand j'y serais forcée!
C'en est fait, votre ami lui sera préféré.

DANVILLE.

Vous aurez ce courage, est-il vrai?

HORTENSE.

Je l'aurai.
Adieu tous mes projets, je reste sans murmure,
Et pour monsieur Bonnard je garde ma parure.
Je reste avec plaisir. Tout à l'heure à vos yeux
J'étais bien, n'est-ce pas? Maintenant je suis mieux,
J'en suis sûre.

DANVILLE.

Ah! cent fois!

HORTENSE.

        M'aimez-vous?

DANVILLE.

                  Je t'adore.

HORTENSE.

Mes torts étaient bien grands.

DANVILLE.

          Les miens plus grands encore.

HORTENSE.

A vos ordres jamais je ne veux résister.

DANVILLE.

Non; jamais contre toi je ne veux m'emporter.

HORTENSE.

Loin de nous ces débats qui troublent les ménages.

DANVILLE.

Les raccommodemens ont bien leurs avantages.

HORTENSE.

Mon ami!

DANVILLE.

Chère Hortense!

HORTENSE.

             Au fond, convenez-en,
Vous defendez Bonnard en zélé partisan,
Et vous avez raison, puisqu'il vous rend service;
Mais vous traitez le duc avec moins de justice.

ACTE III, SCÈNE II.

DANVILLE.

Pour moi, je me crois juste et juste au dernier point.

HORTENSE.

Moi, je crois entrevoir que vous ne l'êtes point.

DANVILLE.

C'est qu'à vingt ans, Hortense, on juge à la légère.

HORTENSE.

C'est que plus tard, Danville, on est par trop sévère.

DANVILLE.

Vous pourriez vous tromper.

HORTENSE.

    Je puis avoir raison.

DANVILLE.

Je n'en crois rien.

HORTENSE.

 C'est sûr.

DANVILLE.

   Non pas.

HORTENSE.

     Mais si.

DANVILLE.

       Mais non.

HORTENSE.

Je soutiens...

DANVILLE.

Arrêtez! eh quoi! notre querelle
Pour Bonnard et le duc déjà se renouvelle!

HORTENSE.

Oui, parlons sans humeur : faut-il, pour aimer l'un,
Quand l'autre vous sert bien, le trouver importun?

DANVILLE.

Oh! c'est tout différent; l'un a mon âge, et l'autre...

HORTENSE.

Eh bien! achevez donc.

DANVILLE.

Eh bien! il a le vôtre.
Pardonnez : mon amour est étrange, et je sens
Que le temps, la raison sont des freins impuissans;
Que le cœur d'un vieillard, en proie à cette ivresse,
Cède à tous les transports d'une aveugle tendresse.
Quand on aime avec crainte, on aime avec excès.
Jeune, on sent qu'on doit plaire, on est sûr du succès;
Mais vieux, mais amoureux au déclin de sa vie,
Possesseur d'un trésor que chacun nous envie,
On en devient avare, on le garde des yeux.
Comment voir cet essaim de rivaux odieux,
Parés de leur bel âge et des charmes funestes
Dont chaque jour qui fuit nous vole quelques restes,
Sans se glacer le cœur par la comparaison,

Sans voir ses cheveux blancs, sans perdre la raison !
Je ne suis pas jaloux ; mais je sais me connaître.
Celui qui vous arrache, en vous lassant peut-être,
Un regard, un sourire, un instant d'entretien,
Me semble un ennemi qui me ravit mon bien.
J'aime plus, tout le dit ; ma crainte en est le gage ;
Mais que me sert d'aimer, s'il vous plaît davantage ?
Je dois trembler, je tremble... hélas ! voilà mon sort ;
Voilà pourquoi le duc me chagrine si fort.
Il offusque ma vue, il me pèse, il me gêne.
Je sens qu'à son aspect je me contiens à peine ;
Je sens qu'un mot amer, qui vient me soulager,
En suspens sur ma langue, est prêt à me venger.
Je me maudis, j'ai tort ; c'est faiblesse ou délire,
C'est ce qu'il vous plaira ; je souffre, et je désire,
Non pas que votre amour, mais que votre amitié,
Qui connaît mon supplice, en ait quelque pitié.

HORTENSE.

Que votre modestie à vous-même est cruelle !
Croyez qu'avec raison je murmure contre elle.
Ces rivaux, où sont-ils ? que produiraient leurs soins ?
Soyez juste envers vous, et vous les craindrez moins.
Est-il quelqu'un d'entre eux qu'avec plaisir j'écoute ?
C'est que de votre éloge il m'entretient sans doute ;
Et cet air d'intérêt, dont vous êtes jaloux,

N'est qu'un remercîment du bien qu'on dit de vous.
Vous entendre louer me rend heureuse et fière.
Mais pourquoi des grandeurs nous fermer la carrière?
Laissez un peu d'éclat publier mon bonheur :
De vous, de vos talens, je veux me faire honneur,
Et vous prouver que, juste, autant qu'il est sincère,
Ce n'est pas par devoir que mon cœur vous préfère.

DANVILLE.

N'employez pas le duc, et... je consens à tout.

HORTENSE.

Voyez donc ce monsieur qu'on reçoit bien partout;
Oui, ce premier commis; son crédit peut suffire :
Mais chez lui, dès ce soir, allez vous faire écrire.

DANVILLE.

Hortense, tu le veux?

HORTENSE.

Non, je ne le veux pas,
Non... mais je vous en prie.

DANVILLE.

Ah! j'y cours de ce pas...
Et Bonnard que j'attends, je ne sais qui l'arrête :
S'il arrivait!

HORTENSE.

Partez; moi, je lui tiendrai tête :
Je vais par le collége entamer l'entretien;

Il ne s'ennuîra pas.

DANVILLE.

Je cours et je revien.
Après une querelle, il est doux de s'entendre,
Et le débat fini rend l'amitié plus tendre.

SCÈNE III.

HORTENSE, seule.

Le sacrifice est fait! En suis-je triste? Oh! non.
Il me coûtait un peu; mais Danville est si bon!...
Cette fête, à vrai dire, était très séduisante.
Dans tous ses agrémens je me la représente.
Pour danser c'est à moi que le duc eût songé;
Les dames de la cour en auraient enragé!
Quel plaisir! Quel triomphe! Au fait, c'est bien dommage!
Pour plaire aux deux amis écartons cette image.
Je les verrai contens; si je ris, ils riront,
Et j'attends mon plaisir de celui qu'ils auront.

UN DOMESTIQUE.

Le duc fait demander si madame est visible.

HORTENSE.

Oui, qu'il entre. Ah! mon Dieu! voici l'instant terrible.

SCÈNE IV.

HORTENSE, LE DUC.

LE DUC.

Le soin qui me ramène est bien intéressé,
Madame; dans le doute où vous m'avez laissé,
Je n'ai rien vu ce soir qu'avec indifférence.
Invité chez le fils d'un de nos pairs de France,
J'y fus d'un long dîner le triste spectateur;
Les heures se traînaient avec une lenteur!...
Plein d'une seule idée où l'esprit s'abandonne,
Soi-même l'on s'oublie, on n'est plus à personne;
Il a fallu céder, et bientôt du salon
Je me suis échappé comme on sort de prison.
Mais quels charmans apprêts! quel goût!... Cette parure
Pour mon vœu le plus cher est d'un heureux augure.

HORTENSE.

Hé non! monsieur le duc, ne comptez pas sur moi.

LE DUC.

Comment! se pourrait-il! Vous restez?

HORTENSE.

> Je le doi.

LE DUC.

Mais ne devez-vous pas tenir votre promesse ?
Ne l'ai-je pas reçue ? et quand ma voix vous presse
De remplir un devoir, que je crus un plaisir,
N'est-elle plus d'accord avec votre désir ?

HORTENSE.

Que ne m'est-il permis de le prendre pour guide !
Mais non, monsieur Danville autrement en décide.

LE DUC.

Ah ! pouvez-vous m'apprendre avec cet air léger
Un refus qui m'étonne et qui doit m'affliger ?
Madame, pour fixer votre choix en balance,
Je vois qu'on vous a fait bien peu de violence.
Pourquoi m'avoir déçu par un espoir si doux ?
La perte, j'en conviens, est légère pour vous :
Un triomphe nouveau, des honneurs, des hommages,
Sont à peine à vos yeux de faibles avantages;
Pour vous, par l'habitude, ils ont perdu leur prix :
Mais, quand il s'est flatté d'éblouir tout Paris,
Un maître de maison, dans son jour de conquête,
Perd beaucoup en perdant l'ornement de sa fête;
Et pour moi, le plaisir que je laisse en partant

Me rend presque insensible à celui qui m'attend.

HORTENSE.

C'est trop vous alarmer, monsieur, et mon absence
N'aura pas, croyez-moi, cette triste influence.

LE DUC.

Vous vous trompez, madame, et vous seule ignorez
A quels regrets mortels vous nous condamnerez.
La modestie, au fond, a son côté blâmable.
On ne sait pas souvent combien l'on est coupable ;
Vous le serez beaucoup si vous me résistez.
Qui nous rendra ce soir ce que vous nous ôtez ?
Eh ! ne suffit-il pas d'une seule personne
Pour embellir au bal tout ce qui l'environne ?
Elle arrive, à sa vue on est moins exigeant,
Et le cœur satisfait rend l'esprit indulgent.
L'amusement succède au dégoût qui m'accable ;
L'homme qui m'ennuyait devient un homme aimable.
Elle part, c'en est fait, tout le charme est détruit,
Rien n'est plus à mon gré, je n'entends que du bruit.
Vingt autres, direz-vous, sont aimables et belles...
On l'ignorait, madame; a-t-on des yeux pour elles ?
On n'en avait vu qu'une, et, ce moment passé,
Il semble, au vide affreux qu'elle seule a laissé,
Que l'assemblée entière en un instant s'écoule :
On est dans le désert au milieu de la foule.

HORTENSE.

Si je pouvais vous croire, au moins je m'en voudrais;
Mais vous ne doutez pas du plaisir que j'aurais.

LE DUC.

Venez.

HORTENSE.

N'insistez pas.

LE DUC.

Vous viendrez...

SCÈNE V.

Les précédens, madame SINCLAIR.

LE DUC, à madame Sinclair.

Ah! madame,
Veuillez me seconder, il le faut, je réclame
Pour mon oncle, pour moi, pour tous ceux qu'aujourd'hui
L'attrait d'un grand plaisir doit attirer chez lui.

MADAME SINCLAIR.

Mais je ne pense pas que ma fille refuse.

HORTENSE.

Monsieur fera, j'espère, agréer mon excuse.

MADAME SINCLAIR.

C'est triste : à te parer j'avais pris tant de soin !
Chez soi de tant d'éclat n'avoir qu'un seul témoin !
On eût dit : Quelle est donc cette belle personne
Qui fixe tous les yeux, que la foule environne?
C'est ma fille, monsieur!... Chacun de te vanter ;
Le ministre à son tour vient me complimenter...
Mais ton mari prononce, alors je me récuse :
Une grand'mère est faible, et son amour l'abuse.
Je reste, si tu veux.

LE DUC.

    Ah! que deviendrons-nous?

(à madame Sinclair.)

Que fera la princesse? elle comptait sur vous.
Pour elle votre esprit doit se mettre en dépense :
J'ai dit, pardonnez-moi, j'ai dit ce que je pense,
C'est que vous conversez avec un abandon,
Un choix de mots, un charme, oh! chez vous c'est un don.
Elle vient pour vous voir, elle veut vous connaître !
Mais de la prévenir il serait temps peut-être?

MADAME SINCLAIR.

Non pas, monsieur le duc, oh! non, je vous en veux
De m'avoir compromise avec de tels aveux.
Une princesse ! ô Dieu ! ma fille, une princesse !

ACTE III, SCÈNE V.

HORTENSE.

Oui, je sens bien...

MADAME SINCLAIR.

Rester tient de l'impolitesse.

LE DUC, à madame Sinclair.

Et puis je vous préviens que le vieux chevalier
Vous appelle au piquet en combat singulier.
Ah! c'est un beau joueur, un joueur admirable :
Sitôt qu'il est assis, on fait cercle à sa table.
C'est l'homme du piquet; enfin, sous le soleil,
Pour les quatre-vingt-dix il n'a pas son pareil.

MADAME SINCLAIR.

J'espère que monsieur me fait l'honneur de croire
Qu'on pourra quelque temps disputer la victoire!

LE DUC.

Il est bien fort.

MADAME SINCLAIR, à Hortense.

Pourtant, juge, examine, voi,
C'est pour toi que j'y vais, je n'y vais que pour toi.
Si ton mari s'obstine, en femme bien soumise...

HORTENSE.

A vous suivre, il est vrai, Danville m'autorise,
Et tout à l'heure encore il vient de m'inviter...

LE DUC.

Plus d'obstacle à présent.

MADAME SINCLAIR.

Qui peut donc t'arrêter,
S'il te l'a permis?

HORTENSE.
Mais...

LE DUC.

L'agréable soirée!
Je vous vois par mon oncle accueillie, admirée.
A votre aspect s'élève un murmure soudain;
Les cavaliers en foule assiégent votre main;
Tout danse et se confond au bruit de la musique :
Les graces de la cour, l'orgueil diplomatique,
La Banque, l'Institut, et jusqu'aux Facultés,
Jusqu'aux fleurons d'argent des graves députés!
Mais c'est peu, vous verrez : quel champ pour la satire!
Ce ténébreux auteur dont vous aimez à rire,
Qui, perdu dans un bal, promène tristement,
Sous un long frac anglais, son grand air allemand,
Semble de se voir là s'adresser des excuses,
Et ne danse jamais par respect pour les muses;
Ce savant, qui, pour vous déridant son front sec...

HORTENSE.
Un jour sur mon album écrivit un mot grec?

LE DUC.
Et le gros général qui rit bien comme trente.

Par malheur sa gaîté suit le cours de la rente,
Je n'en répondrais pas; mais sans lui nous rirons.
Pour des originaux, ma foi, nous en aurons;
Tout Paris y sera, jugez! Dans le grand monde,
Si l'esprit est commun, le ridicule abonde.
Vos bons mots vont courir, et, répétés cent fois,
Feront vivre les sots défrayés pour un mois,
Et la ville et la cour diront que tant de charmes,
Bien qu'ils soient tout-puissans, sont vos plus faibles armes.

HORTENSE.

A m'amuser beaucoup comme vous je pensais,
J'en conviens; mais prétendre à de si grands succès!

LE DUC.

Près des femmes! oh, non, redoutez leur colère :
On ne vante jamais que ceux qu'on ne craint guère.
Que de dames ce soir vont mourir de dépit!

HORTENSE.

Vous croyez?

LE DUC.

J'en suis sûr. Nos beautés en crédit
Ne pourront sans fureur vous céder la victoire;
Mais beaucoup d'ennemis prouvent beaucoup de gloire;
A force de succès on s'en fait tant qu'on peut :
Vous en aurez bon nombre, et n'en a pas qui veut.
Venez.

HORTENSE.

Si par un mot j'avertissais Danville?

LE DUC.

Ah! quelle heureuse idée!

MADAME SINCLAIR.

Et quoi de plus facile?

(Faisant asseoir Hortense auprès d'une table, et arrangeant sa coiffure pendant qu'elle écrit.)

Peins-lui ton embarras, le mien, en ajoutant
Que tu ne veux d'ici t'absenter qu'un instant.

LE DUC.

Entre les candidats le ministre balance.

MADAME SINCLAIR.

Il est très important de voir Son Excellence.

HORTENSE, en écrivant.

Il n'aura pas le temps d'en prendre du chagrin,
Nous allons revenir.

(à madame Sinclair.)

Valentin ..

MADAME SINCLAIR.

Valentin!

SCÈNE VI.

LES PRÉCÉDENS, VALENTIN.

VALENTIN.

Que vous plaît-il, madame?

MADAME SINCLAIR.

Un billet qu'il faut rendre.

VALENTIN.

A qui?

MADAME SINCLAIR.

C'est à monsieur.

VALENTIN.

Je ne saurais comprendre...
Où donc, madame?

MADAME SINCLAIR.

Ici.

VALENTIN.

Que lui dirai-je?

MADAME SINCLAIR.

Rien.

HORTENSE, remettant la lettre.

Je n'ose examiner si je fais mal ou bien.
Partons vite, ou je reste.

SCÈNE VII.

VALENTIN, seul.

Ils s'en vont, on l'entraîne.
Monsieur seul avec moi va faire quarantaine;
Mais gare la tempête, il pourra s'en fâcher.
Les voilà descendus, et puis fouette cocher.
Ils sont, ma foi, partis. Une lettre, c'est drôle;
Monsieur, à mon avis, joue un singulier rôle.
En vain pour tout saisir j'ai l'esprit à l'affût :
Quand il était au Havre, où je voudrais qu'il fût,
Et que madame ici faisait sa résidence,
Je concevais entre eux une correspondance;
Mais dans le même hôtel, pouvant au coin du feu...
Ces courses-là du moins me fatigueront peu.

SCÈNE VIII.

DANVILLE, VALENTIN.

DANVILLE, s'essuyant le front.

Te voilà, Valentin; tiens, vois, je suis en nage!
Fais-moi donc souvenir que j'ai mon équipage;
J'y pense quand je rentre, et vraiment je suis las.

(Il s'assied.)

VALENTIN.

Vous vous fatiguez trop.

DANVILLE.

Hein! quand j'étais là-bas,
Que j'arrivais le soir après ma promenade,
Souvent tu m'as surpris bien triste, bien maussade.
Pourquoi? j'étais garçon : j'ai ma femme aujourd'hui,
Elle est là; loin de moi la tristesse et l'ennui!

VALENTIN, à part.

Il me fait de la peine.

DANVILLE.

En crois-tu tes présages?

Pour ma femme et pour moi quels chagrins! que d'orages!

(Il se lève.)

Pauvre fou! grace au ciel, tu n'as pu m'effrayer;
Je cours rejoindre Hortense, elle va m'égayer.
Guéri des visions qui te troublaient la tête,
Sens-tu qu'un vieux corsaire est un mauvais prophète?

VALENTIN.

Monsieur.

DANVILLE.

Qu'est-ce?

VALENTIN.

Une lettre.

DANVILLE.

Ah! donne. Et tu la tiens?

VALENTIN.

De madame.

DANVILLE.

Comment?

(Il lit.)

Qu'ai-je appris? va-t'en...viens...

(froidement)

Madame est donc sortie?

VALENTIN.

Oui, monsieur.

DANVILLE.

Et sa mère?

ACTE III, SCÈNE VIII.

VALENTIN.

Oui, monsieur.

DANVILLE.

Et le duc?

VALENTIN.

Oui, monsieur.

DANVILLE.

La colère,
La surprise... est-il vrai? je demeure interdit!
Laisse-moi. Se peut-il?

(Il tombe dans un fauteuil.)

VALENTIN.

Je vous l'avais bien dit
Qu'un jour...

DANVILLE, furieux.

Va-t'en. Le sot!

(Valentin s'éloigne, et revient ensuite.)

A peine je la quitte,
Qu'avec le duc, le duc dont le nom seul m'irrite,
Elle qui tout à l'heure... Ah! que de fausseté!
Et qui donc l'y forçait? quel prix de ma bonté!
Quand j'avais tout permis, céder sans résistance,
Et m'éloigner exprès... Hortense! ô ciel! Hortense,
Qui semblait s'attendrir en me voyant heureux...
Je ne l'aurais pas cru, c'est bien mal, c'est affreux!

Et sa mère !... ah ! morbleu ! quand une vieille femme
Aime encor les plaisirs, pour eux elle est de flamme.
Je dois, je dois punir tant de légèreté ;
Courons à cette fête où je suis invité.
En galans procédés vous êtes un grand maître,
Monsieur le duc ; eh bien ! vous allez me connaître.
On trouve à qui parler quand on s'adresse à moi.
J'irai, je le verrai, je veux lui dire...! Eh ! quoi ?
Que je viens... Moi, jaloux ! non, cette frénésie
N'a point part aux transports dont mon ame est saisie.
Je ne suis pas jaloux ; ma femme est jeune encor,
Je veux l'accompagner pour qu'elle ait un mentor,
Par simple bienséance. Oui, quelqu'un ! qu'on s'empresse !
Mon habit !

VALENTIN.

Quoi, monsieur...!

DANVILLE.

Obéis et me laisse.

VALENTIN.

Où voulez-vous aller ?

DANVILLE.

Je veux... je vais... je sors...
Obéis.

VALENTIN.

Il est tard : que ferez-vous dehors ?

ACTE III, SCÈNE VIII.

DANVILLE.

Ah! je te chasserai...

(Valentin sort.)

C'est vrai, que vais-je faire?
Un éclat! non, sans doute. Amant sexagénaire,
Suivant ma femme au bal d'un pas mal affermi,
J'y vais pour l'épier, j'y vais en ennemi.
Et là, comme un fantôme errant avec tristesse,
J'y vais troubler ses jeux et glacer son ivresse.
Pauvre Hortense! elle est jeune, est-ce un crime à mes yeux?
Peut-elle se vieillir, parce que je suis vieux?
A sa suite aujourd'hui si le dépit m'entraîne,
J'irai demain, toujours, et toujours à la chaîne;
Plus esclave cent fois, cent fois plus inquiet,
Rongé de plus d'ennuis qu'au temps où l'intérêt
Tenait à ses calculs ma jeunesse asservie,
Je vais à soixante ans recommencer ma vie!...
Allons, Danville, allons, sois homme; il faut rester.

(Valentin rentre.)

Au fait, sa mère est là, que puis-je redouter?

(Il met son habit.)

Je reste. Prouvons-lui qu'on peut se passer d'elle.
Mon chapeau!... Des amis Bonnard est le modèle!
On nous laisse, tant mieux! nous serons entre nous,
Nous rirons, et déjà je suis... Je suis jaloux!

Je ne puis résister au démon qui m'obsède :
Il maîtrise mes sens, il me conduit, je cède.
Adieu donc pour toujours, ma chère liberté !
Bonheur que j'ai connu, repos et dignité,
Adieu, je n'en crois plus ni pitié, ni scrupule.
Soyons, c'est mon destin, soyons donc ridicule,
J'y consens; mais du moins échappons au tourment
De douter, de trembler, de mourir lentement :
Ce supplice est horrible.

VALENTIN.

Il a perdu la tête.

DANVILLE.

Qu'il finisse; partons. Ma voiture !

VALENTIN.

Elle est prête.

DANVILLE.

Ah ! courons.

(rencontrant Bonnard.)

Ciel !

SCÈNE IX.

LES PRÉCÉDENS, BONNARD.

BONNARD, gaîment.

C'est moi, mon cher, je viens souper.
Il est tard; de ton fils j'avais à m'occuper.

De plus je viens à pied, n'ayant pas de carrosse,
Et ma foi!... Mais dis donc, c'est ton habit de noce :
Quel honneur !

DANVILLE.

Ah! pardon!...

BONNARD.

Je n'y vois aucun mal.
Je te trouve, mon cher.

DANVILLE.

Mais ma femme est au bal,
Et...

BONNARD.

Tu restes pour moi, c'est d'un ami fidèle.

DANVILLE.

J'allais la chercher.

BONNARD.

Bon! quelqu'un est avec elle,
Il la ramènera.

DANVILLE.

Non pas, non pas.

BONNARD.

Pourquoi ?
Serais-tu donc jaloux quand ta femme est sans toi ?

DANVILLE.

Non, certe.

L'ÉCOLE DES VIEILLARDS.

BONNARD.

Eh bien! alors, quelle mouche te pique?
Tu m'étonnes, tu vas, tu viens, et c'est unique,
Tu n'as pas l'air content de me voir.

DANVILLE.

Dieu! Bonnard,
Je suis heureux, ravi; mais je... tu viens si tard!
Excuse-moi, vois-tu... cette fête est charmante,
Et je voudrais, pardon, c'est une envie ardente
Que j'ai... j'aime le bal, un bal fait mon bonheur!
Tu comprends.

BONNARD.

Pas du tout.

DANVILLE.

Un bal de grand seigneur,
C'est si gai! cet éclat, ce bruit, cette jeunesse...
Si fait, ce cher Bonnard, il comprend mon ivresse,
Il l'excuse, il permet...

BONNARD.

Oh! ne badinons pas.

DANVILLE.

Je n'irai qu'un moment.

BONNARD.

Je te tiens par le bras.

ACTE III, SCÈNE IX.

DANVILLE.

Viens avec moi.

BONNARD.

Tu sais que ce plaisir m'assomme ;
Si j'étais comme toi, si j'étais un jeune homme,
D'accord, mais entre nous ton goût met quarante ans.
Qui diable aurait prévu ce nouveau contre-temps ?
Joseph est au spectacle avec ma gouvernante ;
Il te prend pour la danse une ardeur surprenante,
Des retours impromptu dont je suis alarmé.
Chez moi je n'ai personne, et tout est enfermé.
Je suis sur le pavé, mon souper m'embarrasse.
Quand on dîne le soir, comme toi, l'on s'en passe ;
Mais moi...

DANVILLE.

Du célibat fais l'éloge à présent !

BONNARD.

Oui-dà, le mariage est bien plus amusant !

(le rappelant.)

Cours donc, va danser... Ah ! que voulais-je te dire ?
Je ne m'en souviens plus... M'y voilà, je désire
Que tu dînes chez moi. Quel est ton jour ?

DANVILLE.

Le tien.

BONNARD, le retenant.

Voyons, il faut choisir : veux-tu mardi?

DANVILLE.

C'est bien.

BONNARD, le rappelant.

Ah!

DANVILLE.

Quoi?

BONNARD.

Ma gouvernante aimera mieux la veille.

DANVILLE.

Bon.

BONNARD.

Attends donc! Sais-tu mon adresse?

DANVILLE.

A merveille.
Adieu.

BONNARD, le rappelant.

Danville!

DANVILLE.

Encor! parle.

BONNARD, après une pause.

Bien du plaisir.

(Danville sort à grands pas; Bonnard le suit lentement en levant les épaules.)

SCÈNE X.

VALENTIN, qui les observait, appuyé sur un fauteuil.

Vieux mari, vieux garçon, si j'avais à choisir,
Je... Ma foi! j'ai bien fait d'entrer jeune en ménage;
Avec les mêmes goûts on arrive au même âge.
Ma femme a son humeur, j'ai su m'y faire; enfin
Quand j'ai sommeil je dors, et soupe quand j'ai faim.

FIN DU TROISIÈME ACTE.

ACTE QUATRIÈME.

SCÈNE I.

HORTENSE, MADAME SINCLAIR.

MADAME SINCLAIR.

Non, je ne puis, Hortense, approuver tes manières;
A peine te montrer, revenir des premières!

HORTENSE.

C'est qu'avant d'être au bal j'avais senti mes torts.

MADAME SINCLAIR.

Il est une heure au plus, on arrive, et tu sors!

HORTENSE.

Trop tard. Il est parti, pour me chercher sans doute.
Son premier mouvement est le seul qu'il écoute.
Ma faiblesse à ses yeux tient de la trahison;
Je vous ai résisté; n'avais-je pas raison?

Dieu! que je me repens de vous avoir suivie!

MADAME SINCLAIR.

Certes, je n'ai rien fait pour t'en donner l'envie.

HORTENSE.

A vous accompagner quand le duc m'engageait,
Il fallait m'affermir dans mon sage projet.

MADAME SINCLAIR.

Par exemple, il est bon qu'à présent tu me blâmes!
Eh! ne l'ai-je pas fait? Voilà les jeunes femmes!

HORTENSE.

Qui? moi, vous accuser! Je suis folle aujourd'hui.
Pardon, ma bonne mère; ah! je souffre pour lui.
Que ma légèreté doit lui causer de peine!
Quels chagrins pour tous deux à sa suite elle amène!
Je vois, j'aime le bien; c'est le mal que je fais :
Et qu'une inconséquence a de tristes effets!

MADAME SINCLAIR, tendrement.

Eh bien! oui, je conviens qu'en mère de famille
Je devais... Que veux-tu! je t'aime trop, ma fille.

HORTENSE.

Il ne reviendra pas!...

MADAME SINCLAIR.

Mais est-il arrivé?

HORTENSE.

Voilà le dernier coup qui m'était réservé.

ACTE IV, SCÈNE I.

MADAME SINCLAIR.

Quand on part de bonne heure, on passe, on se faufile ;
Mais avec sa voiture, engagé dans la file,
On gèle, on se dépite, et l'on n'avance pas ;
Peut-être dans la rue est-il encore au pas ?

HORTENSE.

Fatigué, malheureux, après un long voyage...
Chaque mot que j'entends me fait perdre courage.
A travers ce chaos que l'on appelle un bal,
Il va pour nous trouver se donner tant de mal !
Rencontrant dans la foule obstacle sur obstacle...

MADAME SINCLAIR.

Oui, l'on étouffe un peu, mais c'est un beau spectacle !
Il ne le connaît point ; ma fille, espérons mieux,
Le plaisir qu'il aura va t'absoudre à ses yeux.

HORTENSE.

Je le voudrais.

MADAME SINCLAIR.

Dis donc, as-tu vu la princesse,
Et ce vieux chevalier qu'on nous vantait sans cesse ?
J'avais fait dans ma tête, et je voulais lancer
Deux ou trois petits mots que je n'ai pu placer.
Personne...

HORTENSE.

Je le vois, le duc est seul coupable.

MADAME SINCLAIR.
Il ne t'a pas quittée.
HORTENSE.
Il est pourtant aimable.
MADAME SINCLAIR.
Le ministre t'a fait un excellent accueil ;
Tu n'as pas remarqué qu'il nous suivait de l'œil ?
HORTENSE.
Si fait.
MADAME SINCLAIR.
Avec mystère il semblait nous sourire.
HORTENSE.
Je le sais.
MADAME SINCLAIR.
A Danville, ô Dieu ! s'il allait dire...
HORTENSE.
Qu'il est nommé ?... mais non, non, je ne crois plus rien.
Le duc pour m'entraîner a saisi ce moyen.
Danville est là sans guide ; il ne connaît personne ;
Et comment voulez-vous, mon Dieu, qu'on l'y soupçonne ?
MADAME SINCLAIR.
Si le duc le rencontre, il va le présenter.
HORTENSE.
Dieu ! s'ils se rencontraient, j'ai tout à redouter :
Fier, et jusqu'à l'excès poussant la violence...

MADAME SINCLAIR.

Tu rêves des malheurs qui sont sans vraisemblance.
Allons, viens, je suis lasse et vais me retirer;
Viens-tu?

HORTENSE.

Non, laissez-moi, j'aime mieux différer.
Je veux revoir Danville.

MADAME SINCLAIR.

Allons.

HORTENSE.

Non, je vous prie.

MADAME SINCLAIR, avec bonté.

Reste; mais j'ai ma part de ton étourderie;
Que ton mari le sache, accuse-moi de tout.
Je sais que pour le monde il va blâmer mon goût.
N'importe, sans humeur je m'avoûrai coupable;
Mais pour peu qu'il te gronde, ah! je suis intraitable.

SCÈNE II.

HORTENSE, seule.

A quel frivole espoir mon cœur s'abandonna!
On prévoit un plaisir, c'est un chagrin qu'on a.

Cet heureux lendemain, qui promettait merveille,
Il arrive, et souvent on regrette la veille.
Cependant cette fête enchantait mes regards.
Je triomphais ; le duc me montrait tant d'égards !
Que d'esprit ! quelle grace !... il n'était pas possible,
Quand il m'offrait ses soins, d'y paraître insensible.
Et moi, j'y répondais... sans doute ; eh ! pourquoi pas ?
J'éprouve, en y songeant, un secret embarras.
N'y pensons plus, lisons... Mon œil court sur la page,
Sans fixer mon esprit, que trouble une autre image.
De tout ce que j'ai vu le tableau me poursuit ;
De l'orchestre, en lisant, j'entends encor le bruit...
Et Danville ! attendons. Quel tourment que l'attente !
Qu'il tarde à revenir, que cette aiguille est lente !
Par ces mortels délais voudrait-il se venger ?
Souffre-t-il loin de moi ? court-il quelque danger ?
J'entends... non, je me trompe. Oui, c'est une voiture.
Il vient, il va monter, c'est lui ! je me rassure.
C'est Danville, courons... Le duc !

SCÈNE III.

HORTENSE, LE DUC.

LE DUC.

Ah! pardonnez
Au plus triste de ceux que vous abandonnez.
Je rentrais, et, cédant à mon inquiétude,
Je vous trouble à regret dans votre solitude.

HORTENSE.

Monsieur...

LE DUC.

Vous nous fuyez, et sans m'en avertir;
J'ai cru qu'un mal soudain vous forçait de partir.

HORTENSE, saluant comme pour se retirer.

Aucun, monsieur le duc, je me sens un peu lasse;
Rien de plus. Je suis bien, très bien, je vous rends grace.

LE DUC.

Me voilà rassuré! je vous quitte... Et pourtant
Je puis vous confier un secret important.

HORTENSE.

Parlez...

LE DUC.

J'étais porteur d'une grande nouvelle.
J'ai peur d'être indiscret, je vous quitte.

HORTENSE.

Laquelle ?

LE DUC.

J'aurais dû, moins zélé, la remettre à demain ;
J'ai craint de différer votre plaisir...

HORTENSE.

Enfin ?

LE DUC.

Il a fallu des soins, et la brigue était forte ;
Mais notre candidat est celui qui l'emporte.

HORTENSE.

Danville ?

LE DUC.

Il est nommé.

HORTENSE.

J'avais perdu l'espoir ;
Ah ! que je suis heureuse !

LE DUC.

Et mon oncle, ce soir,
Par le choix qu'il a fait jaloux de vous surprendre,
Se réservait chez lui l'honneur de vous l'apprendre.
Il m'a remis ce soin, ne vous trouvant plus là ;

ACTE IV, SCÈNE III.

Et cet heureux brevet, je le tiens, le voilà.

HORTENSE.

Que Danville en rentrant va bénir tant de zèle !...
Car Danville est au bal.

LE DUC.

C'est lui, je me rappelle,
C'est lui que j'ai cru voir; même, j'ai fait un pas...
Mais vous m'aviez tant dit que nous ne l'aurions pas !

HORTENSE.

En lisant ce papier, concevez-vous sa joie ?
Et ma mère !... oh ! je veux que ma mère le voie ;
Oui, je cours...

LE DUC, vivement.

Arrêtez : vous allez me priver
D'un plaisir qu'à mon tour j'osais me réserver ;
Que la nouvelle au moins par vous lui soit transmise,
Quand je pourrai plus tard jouir de sa surprise.

HORTENSE.

Ah ! c'est tout naturel, vous défendez vos droits ;

(elle rend le brevet au duc, qui le pose sur la table.)

Mais quels remercîmens nous vous devons tous trois !
Que mon cœur est ému ! que je me plais d'avance
A vous entretenir de leur reconnaissance !

LE DUC.

La vôtre me suffit, la vôtre est tout pour moi.

N'ajoutez rien, madame, au prix que je reçoi :
Il est déjà trop grand, et je n'en suis pas digne.
De ce peu que j'ai fait mon zèle ardent s'indigne.
Payé d'un mot de vous, puis-je désirer mieux ?
Ou le plaisir que j'ai se peint mal dans mes yeux,
Ou vous devez y lire à quel excès me touche
Un mot reconnaissant qui sort de votre bouche.

HORTENSE.

Si ces remercîmens ont tant de prix pour vous,
Que ceux de mon mari vont vous paraître doux !
Combien son amitié...

LE DUC.

    Parlez-moi de la vôtre ;
Près de ce bien si cher je n'en conçois pas d'autre ;
Lui seul il satisfait au besoin de mon cœur.
Puissé-je l'obtenir cette amitié de sœur !
Moi, votre ami, madame ! ah ! fier d'un tel partage,
Que je devrais alors m'estimer davantage !
Votre ami ! quelle gloire et quel charme à la fois
D'en mériter le titre et d'en avoir les droits !
Respectable union, attachement sincère ;
Lien durable et pur que l'estime resserre !
Ah ! loin d'un monde vain où je ris sans plaisir,
Où je flotte incertain de désir en désir,
Que n'aurais-je à gagner dans ce commerce aimable !

Ardent, léger, frivole, et quelquefois... coupable,
Je trouverais en vous un guide, un confident,
Sage, mais sans rigueur, facile, mais prudent;
Et vous n'auriez en moi qu'un disciple fidèle,
Enchaîné pour la vie aux pieds de son modèle.

HORTENSE.

C'est m'honorer beaucoup; mais ce sublime emploi,
Ce titre de mentor est bien grave pour moi;
Et ce serait, je pense, une folie extrême
De donner des avis dont j'ai besoin moi-même.

LE DUC.

Pourquoi donc? A mon tour, dans nos doux entretiens,
Il me serait permis de hasarder les miens.
Je ne vous vante pas ma raison trop fragile;
Mais le conseil d'un fou parfois peut être utile.

HORTENSE.

Danville, comme nous, n'est pas sage à demi;
Voilà mon vrai mentor, mon guide, mon ami :
En est-il un meilleur?

LE DUC.

          Comment! je le révère;
Mais... dans son indulgence un vieillard est sévère.
Ses conseils sont fort bons, d'accord; mais... absolus.
On est moins tolérant pour des goûts qu'on n'a plus.
Au même âge on s'entend, l'un l'autre on se pardonne;

Dans cet échange égal on reçoit ce qu'on donne.
Votre époux de sa femme est l'orgueil et l'appui ;
Mais que sa jeune épouse est encor plus pour lui !
Quel charme elle répand sur sa triste vieillesse !
Il l'adore, il l'admire, il peut la voir sans cesse ;
Il lui peint ses transports, il n'a pas le tourment
De feindre une froideur que son trouble dément ;
Il peut, sans l'offenser, lui dire : Je vous aime.

HORTENSE, naïvement.

Pourquoi m'en offenser ? je le lui dis moi-même.

LE DUC.

Vous !... Aussi j'admirais ce bonheur mutuel.
Moi seul... étrange effet d'un souvenir cruel !
Pardonnez au désordre où la douleur me plonge !
Autrefois j'espérai... Cet espoir fut un songe :
Hélas ! je me souviens, troublé par vos aveux,
Qu'un bonheur aussi grand fut permis à mes vœux.

HORTENSE.

A vous, monsieur le duc ?

LE DUC.

     Et l'on me porte envie !
Et le plaisir lui seul semble remplir ma vie !
Doux et triste voyage où je vins me livrer
A l'attrait du poison qui devait m'enivrer !
Ah ! qu'un premier amour a sur nous de puissance !

J'aimai... c'était la grace unie à l'innocence :
Naïve comme vous, elle charmait sans art.
Votre voix est la sienne; elle avait ce regard;
Et sa beauté, la vôtre à mes yeux la rappelle;
Mais non, plus jeune alors, elle était bien moins belle.
Si sa grace eût brillé de cet éclat vainqueur,
Aurais-je pu cacher le trouble de mon cœur?
Mes traits, mes yeux, ma voix, tout, jusqu'à mon silence,
Eût de ma passion trahi la violence;
Mais jeune, mais tremblant, la fuyant à regret,
Peut-être moins épris, j'ai gardé mon secret.
Et depuis.

HORTENSE.

Quel motif peut vous forcer encore
A renfermer l'aveu d'un amour qui l'honore?

LE DUC.

La peur de l'offenser m'a toujours retenu.

HORTENSE.

Comment?

LE DUC.

Tout mon malheur ne vous est pas connu.

HORTENSE.

Quel nom pour une épouse est plus beau que le vôtre?

LE DUC.

La femme qui m'est chère est l'épouse d'un autre!

HORTENSE.

Ciel !

LE DUC, vivement.

Et, juste pourtant, j'estime, j'ai servi
Cet heureux possesseur du bien qui m'est ravi.
Mais celle que j'aimai, je l'aime, je l'adore.
Le feu qui me brûlait aujourd'hui me dévore ;
Elle me voit, m'entend, j'ai bravé son courroux ;
Oui, je tombe à ses pieds, je vous aime, c'est vous !

HORTENSE.

Se peut-il ? vous osez !... Muette à ce langage,
J'hésite, et doute encor qu'à ce point l'on m'outrage.

LE DUC.

Pardonnez ; cet aveu n'eût pas dû m'échapper.
Mais sur vos sentimens j'eus droit de me tromper.
Vous vous plaisiez aux soins que j'aimais à vous rendre ;
Votre accueil fut si doux que j'ai pu m'y méprendre.
Non, vous m'aviez compris ; non, vous ne croyez pas
Qu'on puisse impunément admirer tant d'appas ;
Vous vous faisiez un jeu de me voir misérable ;
Ah ! je le suis, mais vous, vous seule êtes coupable !

HORTENSE.

Quoi ! j'ai pu mériter !... Levez-vous, laissez-moi ;
Vous remplissez mon cœur de remords et d'effroi,

ACTE IV, SCÈNE III.

LE DUC.

De vos feintes bontés mon erreur fut la suite.

HORTENSE.

O juste châtiment de ma folle conduite!
Sortez!

LE DUC.

Ah! pardonnez!

HORTENSE.

Jamais, jamais, sortez!

LE DUC.

Dites-moi...

HORTENSE.

Je vous dis que vous m'épouvantez!
Si Danville... ah! grand Dieu! tous deux seuls à cette heure!
De honte à son aspect voulez-vous que je meure?

LE DUC.

Pardonnez, et je fuis.

HORTENSE.

Mais quel bruit! je l'entends:
Il monte; c'est sa voix, fuyez... Il n'est plus temps.

LE DUC.

Que m'ordonnez-vous?

HORTENSE.

Rien... je ne sais, je frissonne...
Ainsi que la raison la force m'abandonne...

LE DUC.

Calmez-vous.

HORTENSE.

Eh! le puis-je?... ah! si quelque amitié...
Si j'en crois vos aveux... de grace... ah! par pitié...
Monsieur, je me tairai, cachez-vous à sa vue.
Là, là, j'oublîrai tout. Ah! vous m'avez perdue!

(le duc entre dans le cabinet qui fait face à l'appartement de Danville.)

Mais non, quelle imprudence! il vaut mieux... Le voici!

SCÈNE IV.

DANVILLE; HORTENSE, assise auprès de la table ; elle a saisi un livre qu'elle semble lire.

DANVILLE, à part.

Valentin m'a dit vrai : ce trouble... il est ici!
Vous êtes seule, Hortense?

HORTENSE. Elle se lève.

Ah! c'est vous. Je respire...
J'attendais... j'étais là... je... j'essayais de lire.

DANVILLE.

Ce livre vous émeut, et beaucoup, je le vois.

ACTE IV, SCÈNE IV.

HORTENSE.

Mais beaucoup, oui.

DANVILLE.

Donnez : Molière... ah ! je conçois ;
Au fait, c'est très touchant.

HORTENSE.

Non, j'avais pris ce livre;
Je ne le lisais pas, je parcourais... sans suivre.

DANVILLE.

J'entends. Et pour vous voir personne n'est venu ?

HORTENSE, vivement.

Le ministre avec vous s'est-il entretenu ?

DANVILLE.

Il ne m'a point parlé. Mais ce trouble m'étonne.

HORTENSE.

Ah ! ce n'est rien ; non, c'est...

DANVILLE.

Il n'est venu personne ?

HORTENSE.

C'est que l'esprit frappé de vous savoir absent...
Je m'en inquiétais.

DANVILLE.

J'en suis reconnaissant;
Oui, c'est moi qui vous trouble.

HORTENSE.

                Hélas! je dois vous craindre;
De moi, je le sens bien, vous avez à vous plaindre.

DANVILLE.

Pas du tout : en esclave à vous suivre réduit,
Captif dans un carrosse un bon quart de la nuit,
Coudoyé dans un bal, épuisé, hors d'haleine,
Je rentre au désespoir d'une recherche vaine.
Mon Dieu! c'est moins que rien.

HORTENSE.

                      Vous êtes irrité;
Accablez-moi, c'est juste, et je l'ai mérité.

DANVILLE.

Votre duc! il m'a vu, mais sans me reconnaître.
Vous n'étiez plus présente, il a dû disparaître.

HORTENSE, prenant le brevet sur la table.

J'y songe! Ah! mon ami... quoi! j'ai pu l'oublier!
Le ministre... lisez.

DANVILLE.

        Quel est donc ce papier?
(il lit.)

(à part.)
La preuve est dans mes mains, je tremble de colère.
Et qui vous l'a remis?

ACTE IV, SCÈNE IV.

HORTENSE, *timidement*.

Le duc!

DANVILLE.

Au bal?

HORTENSE.

J'espère
Qu'avec plus de chaleur on ne peut vous servir.

DANVILLE.

Au bal?

HORTENSE.

Cette nouvelle aurait dû vous ravir.
Et...

DANVILLE, *avec violence*.

C'est au bal? Le duc!... ma fureur se réveille;
Là, cent propos cruels ont blessé mon oreille.
Il ne vous quittait pas, vous suivant, vous parlant;
Il affichait pour vous un amour insolent,
Et, fort de ma vieillesse...

HORTENSE, *effrayée*.

Ah! songez que nous sommes...

DANVILLE.

(*élevant la voix.*)

Tous deux seuls!... Je le tiens pour le dernier des hommes.

HORTENSE.

Monsieur!

DANVILLE, élevant la voix.

Pour un faux brave.

HORTENSE.

Ah! monsieur!

DANVILLE, de même.

Que ce bras
Peut châtier encor.

HORTENSE, qui se tourne involontairement vers le cabinet.

Monsieur, parlez plus bas!

DANVILLE, qui l'a suivie des yeux.

(à part.)
Il est là!

HORTENSE.

Si vos gens venaient à vous entendre!

DANVILLE.

Scrupule très prudent auquel je dois me rendre!
J'ai besoin de repos; rentrez chez vous... Eh bien!
Vous n'obéissez pas, Hortense?

HORTENSE.

Et le moyen,
Quand nous restons fâchés, quand je suis au martyre?

ACTE IV, SCÈNE IV.

DANVILLE.

Vous voulez demeurer? C'est moi qui me retire.
Adieu.

HORTENSE.

Danville?

DANVILLE.

Eh quoi?

HORTENSE.

Donnez-moi votre main.
Je suis coupable.

DANVILLE, vivement.

Vous!

HORTENSE.

Je le suis, et demain
Je veux faire à vous seul un aveu qui me coûte.

DANVILLE, avec colère.

Lequel! expliquez-vous. Parlez, j'attends, j'écoute...

HORTENSE.

Non, monsieur, non; demain, demain; dans ce moment
Vous ne pourriez, je crois, l'entendre froidement.

DANVILLE.

A la bonne heure. Adieu.

HORTENSE.

Mais cet adieu me glace;
Vous ne m'embrassez pas ce soir!

DANVILLE. Il l'embrasse.

(à part.)

Oui. Quelle audace!

(Il rentre dans son appartement dont il ferme la porte.)

HORTENSE, qui l'observe, fait un pas vers le cabinet, s'arrête, et dit en sortant :

Il pourra s'échapper!

SCÈNE V.

DANVILLE, revenant vivement sur la scène.

Je suis seul, son erreur
Laisse enfin un champ libre à ma juste fureur!

SCÈNE VI.

DANVILLE, LE DUC.

DANVILLE, courant ouvrir le cabinet.

(à voix basse.)
Sortez, c'est trop long-temps éviter ma présence.
Venez.

LE DUC.

Que voulez-vous?

DANVILLE.

Punir votre insolence.

LE DUC.

Qui? vous?

DANVILLE.

Moi.

LE DUC.

Mais, monsieur...

DANVILLE.

Quand? dans quel lieu? comment?

LE DUC.

Que votre sang plus froid se calme un seul moment.

DANVILLE.

Ah! ce peu que j'en ai, s'il est glacé par l'âge,
Bouillonne et rajeunit aussitôt qu'on l'outrage!
Vous m'aviez confondu parmi ces vils époux
Qui, de tous méprisés, et bien reçus de tous,
Diffamés par l'affront moins que par le salaire,
Vivent du déshonneur qu'ils souffrent sans colère.

LE DUC.

Pourquoi le supposer, et qui vous le prouvait?

DANVILLE.

Avant de le nier, reprenez ce brevet.
Tenez, prenez-le donc; tenez, je le déchire.
Je ne vous dois plus rien, et je puis tout vous dire.

LE DUC.

Du moins si mon amour, follement déclaré,
Offense un titre en vous qui dut m'être sacré,
Votre épouse innocente...

DANVILLE.

A quoi bon cette ruse?

LE DUC.

Ma voix doit la défendre.

DANVILLE.

Et votre aspect l'accuse.

LE DUC.

Quand c'est moi qui l'atteste, osez-vous en douter?

ACTE IV, SCÈNE VI.

DANVILLE.

Quand c'est une imposture, osez-vous l'attester ?

LE DUC.

Cette lutte entre nous ne saurait être égale.

DANVILLE.

Entre nous votre injure a comblé l'intervalle :
L'agresseur, quel qu'il soit, à combattre forcé,
Redescend par l'offense au rang de l'offensé.

LE DUC.

De quel rang parlez-vous ? si mon honneur balance,
C'est pour vos cheveux blancs qu'il se fait violence.

DANVILLE.

Vous auriez dû les voir avant de m'outrager.
Vous ne le pouvez plus quand je veux les venger.

LE DUC.

Je serais ridicule, et vous seriez victime.

DANVILLE.

Le ridicule cesse où commence le crime,
Et vous le commettrez ; c'est votre châtiment.
Ah ! vous croyez, messieurs, qu'on peut impunément,
Masquant ses vils desseins d'un air de badinage,
Attenter à la paix, au bonheur d'un ménage !
On se croyait léger, on devient criminel :
La mort d'un honnête homme est un poids éternel.
Ou vainqueur, ou vaincu, moi, ce combat m'honore ;

Il vous flétrit vaincu ; mais vainqueur, plus encore :
Votre honneur y mourra. Je sais trop qu'à Paris
Le monde est sans pitié pour le sort des maris ;
Mais dès que leur sang coule, on ne rit plus, on blâme.
Vous, ridicule ! non, non : vous serez infame.

LE DUC.

C'en est trop à la fin, et j'ai fait mon devoir :
Ma crainte fut pour vous, j'ai pu la laisser voir ;
Mais, contraint de céder, je vais vous satisfaire.
Vous êtes, je l'avoue, un bien digne adversaire.
Ah ! pourquoi votre bras est-il donc aujourd'hui
D'un aussi noble cœur un aussi faible appui !

DANVILLE.

Ma vengeance par lui ne sera pas trompée.

LE DUC.

Votre heure ?

DANVILLE.

Au point du jour.

LE DUC.

Et votre arme ?

DANVILLE.

L'épée.

LE DUC.

Le lieu ?

DANVILLE.

J'irai vous prendre.

LE DUC.

Adieu, je vous attends.

DANVILLE.

Vous n'aurez pas l'ennui de m'attendre long-temps.

FIN DU QUATRIÈME ACTE.

ACTE CINQUIÈME.

SCÈNE I.

DANVILLE, VALENTIN.

(Ils se regardent quelque temps sans rien dire.)

VALENTIN.

Nous avons fait, monsieur, une belle campagne !

DANVILLE.

Désarmé ! Le malheur en tout lieu m'accompagne.
Ah ! pourquoi de mon fils me suis-je séparé ?
Il m'aurait vengé, lui !

VALENTIN.

     Mais...

DANVILLE.

         Je le reverrai.

VALENTIN.

Vous battre, vous !

DANVILLE.

Sais-tu que ce discours m'assomme !

VALENTIN.

Allons, n'en parlons plus... Ce duc est un brave homme.

DANVILLE.

Lui !

VALENTIN.

Mais, monsieur...

DANVILLE.

Lui, traître !

VALENTIN.

Il se bat sans témoin ;
C'est un bon procédé.

DANVILLE.

Je reconnais ce soin.
Il pensait à ma femme.

VALENTIN.

En outre, après l'affaire,
Que d'excuses sans nombre il est venu vous faire !
Que de raisonnemens, qui m'ont paru fort beaux !
Son récit m'a touché.

DANVILLE.

Je te dis qu'il est faux.
Mais je n'y croirais pas, non, fût-il véritable.

ACTE V, SCÈNE I.

VALENTIN.

Oh! pour moi, j'y croirais : c'est bien plus agréable.

DANVILLE.

Imbécile! Va voir si quelqu'un est debout.

VALENTIN.

Je pense qu'à présent on est levé partout.

DANVILLE.

Il est donc tard?

VALENTIN.

Très tard. Quoi! cela vous étonne?
De Vincenne à l'hôtel d'abord la course est bonne;
Le combat fut très court.

DANVILLE, avec impatience.

Ah!

VALENTIN.

Monsieur, j'en convien,
Il fut court le combat, mais non pas l'entretien.
Le duc, pour vous calmer...

DANVILLE.

Que fait, que dit ma femme?

VALENTIN, montrant l'appartement de Danville.

Je venais de chez vous, j'ai rencontré madame
Cette nuit...

DANVILLE.

Eh bien donc?

VALENTIN.

Il a fallu mentir :
« Le duc est-il ici? — Non, il vient de sortir.
— Mais a-t-il vu monsieur? — Non pas, non, je suppose :
Monsieur était chez lui, déjà même il repose. »
C'était adroit.

DANVILLE.

Après?

VALENTIN.

En quittant le salon,
Elle m'a dit bonsoir, mais d'un air, mais d'un ton!

DANVILLE.

Ensuite?

VALENTIN.

Ce matin, beaucoup moins agitée,
Deux fois à votre porte elle s'est présentée.
La première, on a dit : Monsieur n'est pas levé;
Et ce mot de Dubois me semble bien trouvé.
Monsieur sort à l'instant, voilà pour la seconde;
Mais la troisième fois que faut-il qu'on réponde?

DANVILLE.

Que... non, rien!

VALENTIN.

Pensez-vous, monsieur, à déjeuner?

DANVILLE.

Ce misérable-là veut me faire damner !

VALENTIN.

Ne prenez pas en mal ce que je viens de dire ;
C'est l'appétit que j'ai qui pour vous me l'inspire.
Le grand air du matin...

DANVILLE.

On vient, c'est elle ; eh ! non,
C'est sa mère. Va, sors.

SCÈNE II.

DANVILLE, madame SINCLAIR.

MADAME SINCLAIR.

N'avais-je pas raison,
Quand je vous ai prédit, et mille fois pour une,
Qu'ici vous attendaient les honneurs, la fortune ?
Receveur-général ! le beau titre ! et je peux
Vous saluer enfin de ce titre pompeux !

DANVILLE.

Ma femme viendra-t-elle ?

MADAME SINCLAIR.

     Ah! quel trésor, mon gendre!

DANVILLE.

Oui, j'ai depuis hier des graces à lui rendre.

MADAME SINCLAIR.

Vous m'en devez aussi.

DANVILLE.

     Vous aurez votre tour.
Ma femme doit savoir que je suis de retour.
Je veux lui parler seul; est-elle enfin visible?

MADAME SINCLAIR.

Non, mon cher.

DANVILLE.

Comment, non?

MADAME SINCLAIR.

     Pour vous seul, impossible.
Elle n'eût pas reçu, si je l'avais permis;
Mais non. Sans le savoir, que nous avions d'amis!
Pour Hortense, entre nous, je ne puis la comprendre;
Regardant sans rien voir, écoutant sans entendre,
Elle parle au hasard, à peine elle sourit;
Votre bonheur, je crois, lui trouble un peu l'esprit.
Au reste, c'est un bruit! visite sur visite.
Chacun nous fait la cour, chacun nous félicite,
Vous vante, et dit tout haut que de tous les époux

Passés, présens, futurs, le plus heureux, c'est vous.

MADAME SINCLAIR.

Quoi! ma femme tient cercle?

MADAME SINCLAIR.

Et ce qui m'a fait rire,
C'est que le grand salon ne pouvait plus suffire.

DANVILLE.

Ce nouveau contre-temps est aussi trop cruel!

MADAME SINCLAIR.

C'en est un véritable : il faut changer d'hôtel.
Demain, pour chercher mieux, je cours toute la ville.

DANVILLE.

Je n'y tiens plus.

SCÈNE III.

LES PRÉCÉDENS, BONNARD.

BONNARD, en dehors.

Danville! où le trouver? Danville!
Danville!

DANVILLE.

Eh! qu'as-tu donc pour crier aussi fort,
Bonnard?

BONNARD.
Ce que j'ai? Dieu!

DANVILLE.
D'où te vient ce transport?

BONNARD.
Ce que j'ai?

DANVILLE.
Voyons, parle.

BONNARD.
Il faut que je t'embrasse.

DANVILLE.
Il ne parlera pas!

BONNARD.
Et ta place! ta place!
Ah! que je suis content!

MADAME SINCLAIR, à Danville.
Soyez donc plus joyeux.

DANVILLE.
Mais tous ces bruits sont faux.

BONNARD.
Non, non, j'en crois mes yeux.
Tu ne peux récuser cet oracle suprême :
Le Moniteur, Danville, est la vérité même.
Ah! tu n'es pas nommé? regarde, lis.

DANVILLE.

O ciel !
On n'en doutera plus.

BONNARD.

Parbleu ! c'est officiel,
Et d'autant plus heureux, que, tremblant pour ma place,
J'oppose ton crédit au coup qui la menace ;
Car tous tes beaux sermens, quand on en vient au fait,
Sont, comme tes soupers, de grands mots sans effet.
Mon affaire avec toi prend un tour fort sinistre :
J'ai su qu'on en parlait hier chez le ministre.

DANVILLE.

(à madame Sinclair.)

Voilà le dernier coup ! Comment !

MADAME SINCLAIR.

Sans contredit :
Il l'a dit à sa femme, Hortense me l'a dit,
Moi, je l'ai dit au bal : le tout pour votre gloire.

DANVILLE.

Exposer un ami !

MADAME SINCLAIR.

Non, je ne puis le croire.
Un mot d'Hortense au duc, et tout est arrangé.

BONNARD, avec joie.

Ah !

DANVILLE.

L'on t'abuse ici sur le crédit que j'ai;
Je n'en ai pas, Bonnard.

MADAME SINCLAIR.

Monsieur, venez me prendre;
Avec vous chez le duc c'est moi qui veux descendre.
Tout à l'heure en son nom je vais vous présenter.

DANVILLE.

Eh! madame!

BONNARD.

Mon cher, permets-moi d'accepter.
Répare au moins le mal que tu viens de me faire.

DANVILLE, à part.

Maudit respect humain qui me force à me taire!

BONNARD, à madame Sinclair.

J'ai deux mots à lui dire, et vous m'excuserez;
Deux mots, et je vous suis.

MADAME SINCLAIR.

Monsieur, quand vous voudrez.

SCÈNE IV.

DANVILLE, BONNARD.

BONNARD.

Tu sauras, mon ami, que ton bonheur m'enchante !
Je m'en fais une image agréable et touchante ;
D'un désir tout nouveau je me sens embrasé,
J'en rêve... Je t'ai dit qu'on m'avait proposé
Une jeune personne aimable et fort jolie...

DANVILLE.

Et de te marier tu ferais la folie ?

BONNARD.

Du ton que tu prends là je suis émerveillé ;
N'est-ce pas toi, mon cher, qui me l'as conseillé ?

DANVILLE.

Te marier, Bonnard !

BONNARD.

Vois, dans un ministère
Supprime-t-on quelqu'un, c'est un célibataire.
Les pères de famille ont un titre éloquent
Qui plaide en leur faveur dès qu'un poste est vacant,

Les défend dans leur place ; eh bien, je me marie,
Pour me trouver enfin dans leur catégorie.

DANVILLE.

A ton âge !

BONNARD.

    De grace, es-tu moins vieux que moi ?

DANVILLE.

Oh ! moi, c'est autre chose, entends-tu bien ; mais toi
Je te vois en victime aller au sacrifice ;
Tu cours tête baissée au fond du précipice.
Quand tu vas t'y jeter, je dois te retenir.
Hé ! sais-tu, malheureux, sais-tu quel avenir
Te punirait un jour d'une telle incartade ?
Cette idée, à ton âge, est d'un cerveau malade :
Mon Dieu ! qu'un vieux garçon connaît mal son bonheur !
Fuis d'un nœud inégal le charme suborneur.
C'est unir par contrat la raison au délire,
Et l'amour qu'on éprouve au dégoût qu'on inspire.
Prendre une jeune femme à soixante ans passés,
Pour mourir de chagrin, vois-tu, c'en est assez.
Il faut rester garçon, il faut que tu me croies ;
Ou l'abîme t'attend, tu te perds, tu te noies,
Tu n'en reviendras pas.

BONNARD.

    Ton effroi me confond :

Et que fais-je, après tout ? ce que bien d'autres font,
Ce que tu fis toi-même.

DANVILLE.

Oh ! moi, c'est autre chose ;
Mais toi, songe à quel sort un fol hymen t'expose !
Va, le grand mot lâché, ton bonheur t'aura fui,
Tes rêves orgueilleux s'en iront avec lui.
Que devient de tes goûts le flegme sédentaire,
Si ta femme, à vingt ans, n'a pas ton caractère ?
Elle ne l'aura pas. Tu seras tourmenté,
Tu seras le jouet de sa frivolité.
Tu chéris au Marais ton pacifique asile,
Et tu suivras ta femme au centre de la ville ;
Un vieil ami te reste, et ta femme en rira ;
Tu veux dormir, ta femme au bal te conduira ;
Ta femme a ton argent, et sa dépense est folle ;
Ta femme a ton secret, et ton secret s'envole.
Alors l'humeur, les cris, les pleurs à tout propos,
Et les nuits sans sommeil, et les jours sans repos.
Voilà, voilà ta femme !

BONNARD.

Ah ! ça, mais c'est étrange !
Pourquoi voudrais-tu donc, quand la tienne est un ange,
Que la mienne, mon cher, fût un démon ? Pourquoi ?

DANVILLE.

Oh! moi, c'est autre chose, encore un coup; mais toi...
Heureux si la traîtresse, à ton amour ravie,
D'un chagrin plus amer n'empoisonne ta vie!
Tu verras malgré toi, du jour au lendemain,
Ce volage trésor s'échapper de ta main.
Tu deviendras jaloux, Bonnard, et quel supplice
Si tu surprends chez elle un amant, un complice!
Enflammé d'un beau feu pour l'honneur de ton nom,
Tu te battras...

BONNARD.

Du tout.

DANVILLE.

Tu te battras.

BONNARD.

Eh non!
Tu peux pour ton honneur prendre ainsi fait et cause;
Mais je dis, à mon tour, que, moi, c'est autre chose.
Je ne me battrai pas. M'exposer! Un moment!
Un duel pour cela ne m'irait nullement.
Tu me parles d'un ton qui fait que je balance.
Mais ailleurs notre affaire exige ma présence;
Je me rends sans tarder chez notre protecteur,
J'y cours. Peste! un duel! je suis ton serviteur.

SCÈNE V.

DANVILLE, puis HORTENSE.

DANVILLE.
Ce vieux Bonnard! où diable avait-il la cervelle?
HORTENSE, une lettre à la main.
Dubois! Picard! quelqu'un! Viendra-t-on quand j'appelle?
(apercevant Danville, et cachant la lettre dans son sein.)
Mon mari... Pour vous voir j'ai couru ce matin;
Je vous ai cru souffrant, je vous savais chagrin :
J'étais très inquiète, et l'on m'a rassurée :
« Il repose... » A l'instant je me suis retirée
Sur la pointe du pied, sans bruit, parlant tout bas.
Vous reposiez encor, mon ami, n'est-ce pas?
DANVILLE.
Sans doute.
HORTENSE, à part.
Il ne sait rien.
DANVILLE.
Et cette confidence
Que vous deviez me faire...

HORTENSE, embarrassée.

      Est de peu d'importance...

DANVILLE.

Vous teniez un papier?

HORTENSE.

       Qui n'a nul intérêt.

DANVILLE.

Intéressant ou non, quel est-il?

HORTENSE.

         Un billet.

DANVILLE.

Vous me le montrerez.

HORTENSE.

      C'est un mot que j'envoie.

DANVILLE.

A qui donc?

HORTENSE.

Eh!... qu'importe?

DANVILLE, avec violence.

       Il faut que je le voie.

HORTENSE.

Pourquoi? de quel soupçon semblez-vous agité?
Je ne vous vis jamais tant de sévérité.
Indigné contre moi...

ACTE V, SCÈNE V.

DANVILLE.

Je le suis, je dois l'être.
D'étouffer sa fureur mon cœur n'est plus le maître.
Il s'ouvre, il laisse enfin éclater ses transports,
Et leur trop juste excès les répand au dehors.
Je vous aimais, ingrate, et jusqu'à la faiblesse.
Que vous a refusé mon aveugle tendresse?
Ai-je forcé vos vœux? ai-je contraint vos goûts?
Quel innocent plaisir ai-je éloigné de vous?
Suis-je un vieillard morose, un tyran qui vous gêne?
Vous ai-je fait sentir le poids de votre chaîne?
Et vous l'avez rompue! et vous m'avez trahi!
Ah! je vous aimais trop pour n'être point haï;
Mais me rendre à jamais malheureux, ridicule!
Mais me déshonorer!

HORTENSE.

Croyez...

DANVILLE.

Je fus crédule,
Et je ne le suis plus : je sais tout, j'ai surpris
Celui de qui l'affront me condamne au mépris.
J'en ai voulu raison, et j'ai fait peu de compte
D'un vain reste de sang dont je lavais ma honte.

HORTENSE.

Vous, Danville? Ah! d'effroi tout le mien s'est glacé!

DANVILLE.

Ne vous alarmez pas, le duc n'est pas blessé.

HORTENSE.

Ah! monsieur.

DANVILLE.

Il l'emporte, et ma honte me reste;
Mais que le sort bientôt me soit ou non funeste,
Je ne vous dois plus rien, plus d'amour, de respect;
Tout me devient permis, lorsque tout m'est suspect;
Le passé contre vous tient mon ame en défense.
Je veux voir ce billet; quel qu'il soit, il m'offense.
Vous le rendez coupable en le cachant ainsi;
Je veux, je veux le voir; je le veux.

HORTENSE.

Le voici.

DANVILLE.

Il ne saurait m'apprendre un malheur que j'ignore,
Et je tremble... Ah! je sens que je doutais encore...

(lisant l'adresse.)

Ciel, au duc!

HORTENSE.

A lui-même.

DANVILLE.

Au duc! j'avais raison.
Mon cœur m'avertissait de cette trahison.

ACTE V, SCÈNE V.

HORTENSE.

Lisez.

DANVILLE.

Il le faut bien; mais non, mon œil se trouble,
Ne lit rien, ne voit plus, et ma fureur redouble.
Ah! perfide!

HORTENSE.

Donnez.

(Elle lit la lettre.)

« Monsieur le duc,

« C'est une femme que vous avez offensée qui vous
« adresse ses justes plaintes contre vous-même. J'ai
« pu vous paraître légère, mais je ne pensais pas avoir
« mérité l'outrage d'un aveu que j'ai rougi d'entendre
« et que j'ai honte de rappeler. J'aime mon mari, je
« l'aime de toute mon ame, et croyez-moi, monsieur
« le duc, je pourrais vous revoir sans danger; mais je
« dois à mon honneur blessé, autant qu'à la tran-
« quillité de monsieur Danville, de vous interdire
« désormais sa maison. En cessant de m'accorder
« votre attention dans le monde, vous me prouverez
« que vous me croyez digne de votre estime, et que
« vous méritez encore la mienne. »

DANVILLE, reprenant la lettre.

Est-il vrai? Qu'ai-je lu?

HORTENSE.

De grace, écoutez-moi, Danville. J'ai voulu,
Craignant de vos transports la juste violence,
D'un rival à vos yeux dérober la présence.
J'amenai le péril en pensant l'éloigner,
Et j'exposai vos jours, que je crus épargner,
Vos jours qui sont les miens!... Mais, tremblante, éperdue,
La terreur m'égarait, et fut seule entendue.
Au moment de me vaincre et de tout déclarer,
Je sentis mon aveu dans ma bouche expirer;
Et même ce matin, décidée à me taire,
Sauvons, m'étais-je dit, sauvons par ce mystère
Un chagrin à Danville, et faisons mon devoir,
En ordonnant au duc de ne plus me revoir.
Je n'ai rien déguisé, je ne veux rien défendre :
Mais consultez ce cœur qui pour moi fut si tendre;
Qu'il me juge, il le peut, j'ai parlé sans détours.

DANVILLE.

Est-il vrai?... cette lettre... oui, le duc... ses discours,
Pour vous justifier, s'offrent à ma mémoire.

HORTENSE, avec tendresse.

Ou vous ne m'aimez plus, ou vous devez me croire.

DANVILLE.

Ah! je vous aime encore, et ma crédulité
Prouve à quel fol excès cet amour est porté.

ACTE V, SCÈNE V.

Ce que le duc m'a dit me semblait impossible,
Et prend d'un mot de vous une force invincible.
Mon trop facile cœur s'élance malgré moi
Au-devant de l'appât qu'on présente à sa foi ;
Et, fût-il abusé, se trahissant lui-même,
Il ne se débat point contre une erreur qu'il aime.
Je ne puis démentir une si douce voix,
Je me rends; vous parlez, Hortense, et je vous crois.

HORTENSE.

Que cette confiance et me touche et m'accable !
Je veux la mériter, je serais trop coupable
Si dans votre bonheur vous n'en trouviez le prix.
Eh bien ! soyez heureux, partons, quittons Paris.
Il le faut; d'aujourd'hui je conçois vos alarmes.
Dans ce monde enchanteur le piége a trop de charmes.
Plus loin que je ne veux peut-être je suivrai
Ce brillant tourbillon qui m'entraîne à son gré.
Il exalte ma tête, il m'étourdit, m'enivre;
Je ne vois, n'entends plus, je ne me sens pas vivre.
Je crois fuir les périls ; mais j'ai beau les prévoir,
Mes projets du matin ne sont plus ceux du soir.
Le plaisir règne alors, je cède, il me maîtrise,
Et ma raison revient quand la faute est commise.
Danville, emmenez-moi, mon ami, mon époux;
Je ne crains rien, je n'aime et n'aimerai que vous;

Et par moi cependant la paix vous fut ravie !
Emparez-vous donc seul de mon cœur, de ma vie.
Mais partons : mon esprit est changeant, incertain ;
Je le veux aujourd'hui, le voudrai-je demain !
Emmenez-moi ; partons.

DANVILLE.

Tu finis mon supplice.
Que je te sais bon gré d'un si grand sacrifice !
Que je t'en remercie !...

SCÈNE VI.

LES PRÉCÉDENS, VALENTIN.

DANVILLE, à Valentin qui traverse le salon.

Ah ! viens, approche, accours !
Pour le Havre, mon vieux, nous partons dans trois jours.

VALENTIN.

Pour le Havre !

DANVILLE.

Oui vraiment.

VALENTIN.

Excusez, mais la joie...

Est-ce bien sûr, madame?

DANVILLE.

Allons, pour qu'il me croie
Il faudra que le fait soit par vous attesté.

HORTENSE, à Valentin.

Quand monsieur vous l'a dit.

VALENTIN.

Je n'en ai pas douté;
Mais je suis marié, que voulez-vous, madame!
Je ne me crois jamais sans consulter ma femme.

HORTENSE.

Bon principe!

SCÈNE VII.

Les précédens, BONNARD, madame SINCLAIR.

BONNARD.

Mon cher, on m'a fait un accueil
Qui doit toucher ton cœur et flatter ton orgueil.
Le duc à tous mes vœux promet de satisfaire,
En ajoutant, pour toi, que sur certaine affaire
Qui t'inspire, dit-il, un très vif intérêt,
Il jure de garder le plus profond secret.

MADAME SINCLAIR.

Mais moi, ce qu'il m'apprend me chagrine et m'étonne :
Vous refusez, monsieur, la place qu'on vous donne?

HORTENSE.

Ma mère, il a raison.

DANVILLE.

Et Bonnard doit sentir
Que mon fils sans délai nous force à repartir.

MADAME SINCLAIR, étonnée.

(à Hortense.)   (à Danville.)
J'admire ta sagesse! Est-on plus raisonnable?

DANVILLE.

Aussi je lui rendrai notre terre agréable :
Quelques petits concerts, deux bals dans la saison;

(à Valentin.)

Tout sera pour le mieux. Qu'en dis-tu, mon garçon?
Et comment trouves-tu nos châteaux en Espagne?

VALENTIN.

(à part.)

Superbes. Nous aurons Paris à la campagne.

DANVILLE.

Et mon ami Bonnard, s'il obtient un congé,
Arrive avec sa femme...

HORTENSE, à Bonnard.

Eh quoi!...

ACTE V, SCÈNE VII.

BONNARD, à Danville.

                      Bien obligé.
De tes réflexions j'ai la tête remplie.
Épouser aussi tard femme jeune et jolie,
Cela peut réussir, mais ce n'est pas commun.
Tu fus heureux, d'accord; sur mille on en trouve un.
Quand je touche, Danville, au terme du voyage,
Dans un chemin douteux tu veux que je m'engage?
Où d'autres ont glissé, je puis faire un faux pas,
Et ton ami Bonnard ne se marira pas.

FIN DE L'ÉCOLE DES VIEILLARDS.

NOTE.

J'ai trouvé, dans la plupart des journaux qui ont rendu compte de ma comédie, une disposition favorable et un désir de me voir bien faire, dont je ne puis leur témoigner ma reconnaissance qu'en faisant mieux. D'après leurs avis, mon ouvrage a subi quelques modifications. Avant qu'il fût joué, les conseils de mes amis m'avaient déjà fait retrancher quelques passages; je n'en regrette qu'un seul, que je rétablis ici, parce qu'il me semble tenir essentiellement au sujet.

Ces vers faisaient partie du rôle de Danville au cinquième acte.

> Écoute-moi : Paris a pour toi mille appas :
> Je n'en parlerai point en vieillard qui les fronde,
> En mari sermonneur, mais en homme du monde,
> En ami ; ce séjour, dont l'éclat t'aveuglait,
> A la coquetterie ouvre un champ qui lui plaît.
> C'est en voulant régner que l'on s'y donne un maître :
> On fait plus d'un esclave, et l'on finit par l'être.
> Ce nœud formé dans l'ombre échappe rarement
> Au scandale public, son dernier châtiment :
> Et fût-il ignoré, va, le bonheur qu'il donne
> Cède au chagrin secret qui toujours l'empoisonne.
> Un amant sans espoir est tendre et séduisant :
> Mais dès qu'il est vainqueur son joug devient pesant ;
> Il venge tôt ou tard l'époux qu'il déshonore.
> Celle qu'il a soumise en cédant lutte encore :
> Ces combats, ces terreurs, cet éternel besoin
> De cacher son penchant, d'écarter un témoin,

L'arrache par degrés aux soins de sa famille ;
Elle évite sa mère, elle éloigne sa fille.
Son bonheur domestique est à jamais détruit ;
Le remords l'accompagne et la honte la suit ;
Elle rougit au nom de la femme infidèle
Qu'un cercle indifférent immole devant elle.
Ainsi trompant toujours sans pouvoir se tromper,
En vain à son mépris elle veut échapper,
Dans le monde ou chez elle en vain cherche un refuge,
Et, seule avec soi-même, elle est avec son juge...
Tu crains peu ce malheur; mais pourquoi l'affronter?
Hortense, épargne-toi le soin de résister.
Plus un cœur est honnête, et moins il prend d'alarme ;
S'il brave en se jouant un piége qui le charme,
Il en voit les périls quand il vient d'y tomber :
Qui s'expose toujours doit enfin succomber.

EXAMEN CRITIQUE

DE

L'ÉCOLE DES VIEILLARDS,

PAR M. ÉTIENNE.

EXAMEN CRITIQUE

DE

L'ÉCOLE DES VIEILLARDS.

Un jeune poète qui, à vingt ans, déplora en beaux vers les malheurs de la France, et qui, à peine parvenu à son sixième lustre, a orné notre seconde scène d'ouvrages dignes de figurer sur la première, l'auteur des Messéniennes, du Paria, des Vêpres Siciliennes et des Comédiens, a résolu heureusement un des problèmes les plus difficiles de notre époque. Il est parvenu à faire représenter sans entraves une grande comédie de mœurs en cinq actes et en vers, et il a obtenu un des plus éclatans succès dont fassent mention les annales du théâtre. N'ayant peint que des passions de la vie intérieure, il a passé sain et sauf par les armes blanches de la censure, et pour la première fois peut-être depuis dix ans, un grand ouvrage est sorti pur de ses mutilations. Le public, de son côté, peut applaudir sans être déclaré suspect; la faiblesse d'un vieillard amoureux et jaloux d'une jeune femme n'a rien qui puisse offusquer les heureux du jour. Mais avisez-vous de fronder des redicules en crédit, peignez ces dévots de circonstance qui jouent à la bourse et à la chapelle, ces moralistes dont le bras est toujours levé pour prêter un serment, et dont la conscience sait toujours s'accommoder avec un parjure; traduisez sur la scène ces charlatans d'intégrité qui ont un intérêt dans les transactions les plus honteuses, ces honnêtes courtiers d'intrigues qui négocient dans l'antichambre, flattent dans le salon, et dénoncent dans le cabinet: vous garderez votre comédie en portefeuille; ou si vous osez la produire, elle grossira cette multitude d'ouvrages condamnés à mort avant d'avoir vu le jour, et elle sera étouffée entre les deux guichets de la grande inquisition littéraire.

L'analyse de l'École des Vieillards est tout

PAR M. ÉTIENNE. 331

entière dans la moralité de l'ouvrage, qui brille beaucoup plus par le développement d'une action simple et naturelle, que par le fracas des situations et par une combinaison étudiée de surprises et d'évènemens inattendus.

L'auteur a eu pour but de peindre le danger des unions mal assorties; son vieillard a eu le tort d'épouser à soixante ans une femme qui n'en a que vingt, et qui, pour comble de malheur, est fort aimable et extrêmement jolie. Cette première faiblesse le conduit à beaucoup d'autres. Il amène sa femme à Paris, ce qui est déjà une grande imprudence; mais il l'y laisse seule deux mois, et c'en est une bien plus grande encore. Les fêtes, les concerts et tous les plaisirs se multiplient bientôt sur ses pas; elle s'abandonne à tout ce que le monde a d'enivrant; et l'on se fait sans peine une idée des séductions de tout genre, dont est, pour ainsi dire, enveloppée une femme charmante de vingt ans, dont le mari en a soixante et se trouve absent de Paris.

Cependant il y revient; et il était temps! Pendant son départ, sa femme a reçu la ville et la cour;

mais elle a surtout accueilli un certain duc d'Elmar qui habite le même hôtel. Ce duc est jeune,
riche, aimable, magnifique; il a de plus pour
oncle un ministre qui donne de grands emplois
aux époux protégés par son neveu; celui-ci a vu
madame Danville, et il a résolu de placer son
mari.

Cependant l'honnête vieillard, bien qu'il soit
doué de l'ame la plus sensible et de la vertu la plus
indulgente, ne tarde pas à concevoir de vives inquiétudes sur les assiduités du neveu de Son
Excellence. Elles donnent lieu à des explications
entre le mari et la femme, qui font autant ressortir la bonté et l'amour de l'un, que la légèreté et
les graces naïves de l'autre; mais à peine l'orage
est calmé, que de nouvelles tempêtes éclatent
dans le cœur de l'honnête homme qui a peur d'être
trompé; il éprouve tous les tourmens, toutes les
fureurs de la jalousie; enfin dans une des scènes
les plus belles, les plus énergiques et les mieux
écrites peut-être de notre théâtre, il défie le jeune
séducteur, et remet à son bras sexagénaire le soin
de venger l'offense qu'il croit avoir reçue. Mais sa

force ne répond plus à son courage, il est désarmé, et ce n'est qu'après le combat qu'il apprend que, si sa femme fut légère, elle ne fut pas coupable; elle le supplie elle-même de l'arracher bien vite au séjour dangereux de Paris, et de l'emmener au fond d'une province, où il y a moins de séducteurs sans doute, mais où tous les hommes n'ont pas soixante ans.

C'est de ce sujet, en apparence si simple et si peu chargé d'évènemens, que l'auteur a fait sortir les plus hautes leçons de morale et les scènes les plus comiques et les plus vraies; il sait tour à tour charmer l'esprit par des détails pleins de grace et de douceur, et émouvoir l'ame par l'image si touchante de l'amour le plus tendre, uni à la délicatesse la plus exquise; et quand il arrive à son quatrième acte, quand éclatent les premiers transports de la jalousie, il porte l'intérêt jusqu'au plus haut degré du pathétique, et, par un véritable prodige de l'art, il atteint le sublime dans une situation où jusqu'à ce jour on n'avait aperçu que le ridicule.

Vainement quelques censeurs chagrins vont répétant de toute part que l'ouvrage manque de comique; s'ils veulent dire qu'il ne provoque pas constamment le rire, qu'il n'abonde pas en traits facétieux comme les ouvrages de Regnard, je l'accorderai facilement; mais il me semble qu'ici ils confondent le comique et le plaisant, entre lesquels il y a une nuance très forte et très caractérisée. Une scène est quelquefois plaisante sans être comique, ou comique sans être plaisante. La véritable expression des mœurs, la passion qui se trahit, le ridicule qui se dénonce lui-même, appartiennent à la véritable comédie, et n'excitent pas toujours une gaieté communicative, comme telle peinture grotesque, ou telle situation invraisemblable et péniblement amenée, qui fait circuler le rire dans toutes les parties de la salle.

Molière, il est vrai, a été à la fois comique et plaisant; mais outre ce génie prodigieux dont il était doué, et qui le rend, selon moi, supérieur aux hommes même les plus étonnans de l'antiquité et des temps modernes, il avait l'immense avantage de peindre une société qui commençait à peine à se former, et qui offrait cette bigarrure de caractères, de prétentions et d'habitudes, dont le contraste offre tant de ressources à la muse comique. Alors il y avait plus d'originaux, des mœurs plus marquées; mais aujourd'hui que la société n'offre pour ainsi dire que des nuances imperceptibles, que tout le monde a le même langage, le même maintien, et que, si je puis m'exprimer ainsi, la pointe de tous les caractères se trouve émoussée, il en résulte une ressemblance générale, une monotonie, une uniformité qui prive le peintre de mœurs de ses plus brillantes couleurs, et surtout de la magie si puissante des contrastes et des oppositions. Il faut donc qu'il remue le spectateur qu'il est devenu si difficile d'amuser, et qu'il trouve dans la lutte et dans la peinture énergique des passions, la leçon morale que ne lui offre plus la seule image des ridicules.

Quand Molière donna son École des Femmes, au lieu de peindre et la femme et le mari, il ne mit en scène qu'un tuteur et une pupille; c'était un hommage à la morale de ne pas faire une victime comique d'un mari trompé, et de ne pas appeler l'intérêt sur une épouse perfide; mais ce n'était pas une concession à l'esprit du siècle, où les infortunes conjugales n'étaient alors qu'un sujet de raillerie pour les personnes du grand monde, les seules qui fussent très assidues aux représentations théâtrales. La société se ressentait encore de la corruption qu'y avait introduite Catherine de Médicis. Il y avait assez de superstition dans les esprits pour qu'il y eût beaucoup de relâchement dans les mœurs.

La crainte d'être ridicule pouvait faire impression, la crainte d'être trompé n'arrêtait personne. Certes, l'Arnolphe de Molière pourrait être le personnage le plus capable d'exciter l'intérêt, et celui d'Agnès le plus susceptible de produire l'indignation. Cette orpheline doit sa fortune, son éducation à un tuteur qui l'adore, et qui ressent pour elle une passion non moins ardente que celle de Danville pour son épouse dans l'École des Vieillards, et cependant Molière a rendu ridicule le mari sur lequel M. Casimir Delavigne a su appeler le plus vif intérêt.

Les deux auteurs ont agi comme ils devaient le faire, ils ont suivi l'impulsion des mœurs et du temps; car la comédie qui peint la société doit se modifier avec elle.

Représentez aujourd'hui l'École des Femmes devant un homme de soixante ans prêt à épouser une Agnès; cette leçon ne lui sera d'aucun profit. Il se dira : Je ne suis point un Arnolphe; un être aussi ridicule est fait pour être trompé. Mais qu'il assiste à l'École des Viellards, ne fera-t-il pas un retour sur lui-même; et, forcé de convenir tacitement qu'il n'est ni aussi aimable ni aussi généreux que le Danville de M. Delavigne, ne redoutera-t-il pas pour lui les tourmens et les peines cuisantes auxquels est en butte le plus noble, le plus sensible et le plus jeune des vieillards? car il ne faut pas s'y tromper, M. Delavigne n'a pas rassuré tous les époux en rassurant celui dont il nous a offert l'image. Il n'est pas un spectateur qui ne tremble pour Danville, et pas un mari jaloux de son honneur qui voulût être à sa place. Son Hortense produit à peu près la même impression que la Victorine du Philosophe sans le savoir. Elle est encore vertueuse à la fin de la pièce; mais personne ne répondrait du lendemain. On ne saurait s'empêcher de faire une réflexion, c'est que Danville a soixante ans, et que, s'il éprouve des chagrins si cuisans, des inquiétudes si cruelles, quand il lui reste encore quelque chose des graces de la jeunesse et de la force de l'âge mûr, sa femme n'aura encore que trente ans au moment où il touchera à la décrépitude.

Je doute beaucoup que la certitude qu'a Danville de n'être pas trompé détermine un homme de son âge à subir les mêmes épreuves; que, prêt à signer le contrat, il ne fasse de sérieuses réflexions, et qu'en sortant de la comédie il n'aille donner contre-ordre à son notaire.

M. Delavigne a donc rempli dignement la haute mission de l'auteur comique: il a été tout à la fois moraliste et grand écrivain. Ici, la critique même la moins bienveillante est forcée de lui rendre hommage; son style est à la fois élégant et nerveux, il unit la force à la grace; et, si j'avais à lui faire un reproche, ce serait une élévation trop soutenue qui ôte quelquefois au dialogue le naturel et l'espèce de négligence ou de laisser-aller à l'aide desquels les grands maîtres de la scène comique produisent l'illusion la plus complète. Mais quelle richesse de détails, quelle verve dans les scènes entre le vieux mari et le vieux garçon; quelle abondance de traits heureux, que de charme et d'abandon dans celles entre l'époux et la femme! Quelle vigueur de pinceau dans l'expression d'un amour qui se défie de lui-même, et d'une jalousie qui éclate avec d'autant plus de force qu'elle veut se contraindre davantage!

M. Casimir Delavigne, par la magie du talent et du style, a su se passer de ces traits de mœurs qui sont, pour ainsi dire, la vie des ouvrages dramatiques, et qui sont à la comédie ce que la couleur est à la peinture. Mais s'il avait pu attaquer les ridicules de l'esprit comme il a su peindre les faiblesses du cœur, combien son succès n'eût-il pas été plus grand? Il n'a hasardé qu'un seul personnage qui, par sa position sociale, pouvait offrir une critique large et hardie de nos mœurs: c'est le neveu de ce ministre qui obtient des bonnes fortunes par le crédit de son oncle, et qui déshonore doublement les époux par la tendresse qu'il leur ravit et par les places qu'il leur donne. On a généralement trouvé ce Lovelace ministériel un peu terne; mais est-ce la faute de l'auteur? et ne sent-on pas sur quels charbons ardens il marchait quand sa verve comique osait même esquisser un pareil personnage? Certes, si notre scène jouissait des mêmes libertés que sous le règne de Louis XIV, M. Delavigne aurait dessiné d'un crayon plus vigoureux le libertinage de nos temps modernes, et aurait pu faire ressortir le contraste de cette pruderie qui règne dans les discours, et de ce dévergondage qui dirige les actions; il eût fait voir surtout que l'oncle qui donne une place supérieure ne l'accorde pas uniquement aux fantaisies de son neveu, et qu'il met à une telle faveur des conditions qui n'imposent pas à la femme seule l'oubli des devoirs et des principes les plus sacrés.

Les mœurs qu'a tracées M. Delavigne sont plus celles du règne de Louis XIV que les nôtres; mais parfois les auteurs comiques sont obligés d'imiter les peintres de portraits; quand les modèles ne sont pas beaux, ils ne se croient pas tenus à une parfaite ressemblance, ils dissimulent habilement les défauts et laissent dans l'ombre les difformités trop choquantes.

Cependant le personnage du duc, avec quelque ménagement qu'il soit représenté, n'a pas eu le bonheur de plaire à tout le monde; on raconte même qu'un homme titré qui assistait à la répétition générale de la pièce disait naïvement : « Voilà certainement une belle comédie, mais je crains pour l'auteur le personnage immoral du duc. Le public ne lui passera pas cela. » Mot très remarquable qui prouve qu'on ne voit le public que dans sa société habituelle, et qu'on est toujours enclin à prendre ses flatteurs pour le parterre.

Le succès si brillant et si mérité de cet ouvrage n'est cependant pas sans contradicteurs; on est allé rechercher péniblement je ne sais quelles petites pièces ou quels vaudevilles, où on a sérieusement reproché à l'auteur d'avoir puisé son sujet. Ceux-là ont rappelé l'École du scandale de Sheridan, ceux-ci le Tartufe de mœurs imité de cette comédie anglaise; et ces tristes recherches d'une érudition chagrine n'ont fait que constater davantage le triomphe du jeune auteur. Après les applaudissemens du public il ne lui manquait que l'hommage de l'envie, et il a complètement obtenu cet autre succès.

Je n'ai jamais conçu, je l'avoue, cette passion honteuse qui se masque si habilement sous l'intérêt de l'art et sous une impartialité affectée, et qui verse perfidement ses poisons sur tous les ouvrages qui révèlent une grande destinée littéraire. Il n'y a que des esprits médiocres que puisse atteindre cette triste maladie; le véritable homme de lettres jouit du triomphe de ses rivaux, il ressent bien plus vivement encore celui de jeunes talens qui, après avoir été naguère l'espoir de la scène, en sont déjà l'ornement.

Que M. Casimir Delavigne ne s'attriste pas de vaines critiques; qu'il se réjouisse plutôt de les avoir méritées. Il en est toutefois de justes dont il doit faire son profit. Le personnage de la mère est peu digne de cette grande composition; il forme une disparate choquante. Celui de la jeune femme n'est pas nuancé avec assez de finesse; dans les premières scènes, on la prendrait presque pour Célimène mariée; et peut-être ne prépare-t-elle pas assez le spectateur à ces preuves d'un excellent naturel qu'elle donne au troisième acte. Du reste, ces taches, dans un tableau de maître, sont trop légères pour en faire oublier les nombreuses beautés.

L'École des Vieillards est un ouvrage excellent, mais n'est pas un ouvrage parfait; ce qu'il y a de plus heureux, c'est qu'il en promet encore de meilleurs, et que l'auteur tiendra parole.

Il est d'autres censures malveillantes échappées à cet esprit de parti, implacable et jaloux, qui ne peut permettre le talent au patriotisme : mais ce sont des cris impuissans qui suivent le triomphateur, et qui l'empêchent de s'endormir sous ses lauriers.

Il en est de l'auteur dramatique qui s'élève, comme de tous les hommes que leur vol rapide met hors de ligne : ils se trouvent entre deux espèces d'ennemis également à craindre ; entre les envieux et les flatteurs. A bien prendre : ceux-ci sont encore les plus à redouter pour un jeune talent; mais M. Casimir Delavigne a fait preuve d'un esprit assez élevé pour résister aux louanges des uns, et pour profiter de la malveillance des autres.

FIN DU TOME TROISIÈME.

TABLE DES MATIÈRES

CONTENUES DANS CE VOLUME.

Le Paria, tragédie. . . . . Page 1
Note. 155
Examen critique du Paria. 157
L'École des vieillards, comédie. 165
Note. 525
Examen critique de l'École des vieillards. 527

FIN DE LA TABLE.

www.ingramcontent.com/pod-product-compliance
Lightning Source LLC
Chambersburg PA
CBHW050805170426
43202CB00013B/2563